Seneca

Epistulae morales ad Lucilium

Liber III
Epistulae XXII-XXIX

Latein/Deutsch

Michael Weischede

Herstellung und Verlag

BoD - Books on Demand, Norderstedt

ISBN 9783751906531

© 2020 Michael Weischede

Bibliografische Information der Deutschen Nationalbibliothek

Die Deutsche Nationalbibliothek verzeichnet diese Publikation in der
Deutschen Nationalbibliografie; detaillierte bibliografische Daten sind im
Internet über http://dnb.dnb.de abrufbar.

Vorwort

Senecas Briefe an seinen Freund Lucilius gehören zu den wenigen Texten der lateinischen Literatur, die auch nach dem Zusammenbruch des Römischen Reiches nicht in Vergessenheit gerieten. Während die meisten Publikationen der Antike erst in der Renaissance „wiedergeboren" wurden, fanden die Epistulae morales ad Lucilium bis in unsere Zeit hinein durchgängig eine interessierte Leserschaft. Aus diesem Grund herrscht auch heute kein Mangel an Übersetzungen der Briefe. Es erschien mir deshalb wenig sinnvoll, eine weitere hinzuzufügen, ohne einen gesonderten Schwerpunkt zu setzen. Ich habe mich deshalb ganz bewusst für ein möglichst text- und wortgetreues Vorgehen entschieden und mich dabei, soweit es ging, an die Wortvorschläge der gängigen Lexika gehalten (Georges, PONS, Stowasser, Langenscheidt usw.). Vor allem Schülern sollte es auf diese Weise leichter fallen, die Übersetzung aus dem Lateinischen nachzuvollziehen und bei Bedarf mit ihren eigenen Bemühungen zu vergleichen.

Der lateinische Textteil stammt aus verschiedenen Internetquellen, wobei das Augenmerk auf der Gemeinfreiheit lag. Er ist also nicht editiert, und ich habe mir zudem erlaubt, ihn hier und da an meine stilistischen Vorlieben anzupassen. Für ein ernsthaftes wissenschaftliches Arbeiten ist er dementsprechend nicht geeignet. Er soll nur aufzeigen, auf welcher Grundlage die Übersetzung erfolgte.

Soweit mir meine Motivation für dieses Projekt nicht abhanden kommt, werde ich nach und nach alle 20 Bücher mit den Briefen an Lucilius übersetzen und veröffentlichen. Bei meiner eher gemächlichen Arbeitsweise kann das allerdings einige Zeit dauern ...

Dortmund im Juli 2020

Liber III – Epistula XXII

Seneca Lucilio suo Salutem,

(1) Iam intellegis educendum esse te ex istis occupationibus speciosis et malis, sed quomodo id consequi possis quaeris. Quaedam non nisi a praesente monstrantur; non potest medicus per epistulas cibi aut balinei tempus eligere: vena tangenda est. Vetus proverbium est gladiatorem in harena capere consilium: aliquid adversarii vultus, aliquid manus mota, aliquid ipsa inclinatio corporis intuentem monet.

(2) Quid fieri soleat, quid oporteat, in universum et mandari potest et scribi; tale consilium non tantum absentibus, etiam posteris datur: illud alterum, quando fieri debeat aut quemadmodum, ex longinquo nemo suadebit, cum rebus ipsis deliberandum est.

(3) Non tantum praesentis sed vigilantis est occasionem observare properantem; itaque hanc circumspice, hanc si videris prende, et toto impetu, totis viribus id age ut te istis officiis exuas. Et quidem quam sententiam feram attende: censeo aut ex ista vita tibi aut e vita exeundum. Sed idem illud existimo, leni eundum via, ut quod male implicuisti solvas potius quam abrumpas, dummodo, si alia solvendi ratio non erit, vel abrumpas. Nemo tam timidus est ut malit semper pendere quam semel cadere.

Buch 3 – Brief 22

Seneca grüßt seinen Lucilius,

(1) Nunmehr verstehst du, dass du dich von diesen Geschäften, den täuschenden und verderblichen, losreißen musst; jedoch fragst du dich, auf welche Weise du dies erreichen kannst. Manches wird nur durch persönliche Anwesenheit gelehrt; ein Arzt kann anhand von Briefen nicht den Zeitpunkt fürs Essen oder fürs Bad auswählen: den Puls muss er fühlen. Es gibt ein altes Sprichwort, dass der Gladiator die Kriegslist in der Arena auswählt: manches sagt der Gesichtsausdruck des Gegners voraus, manches die Hand, die bewegt wurde, und manches, wenn man es im Auge behält, sogar die Neigung des Körpers.

(2) Was gewöhnlich zu tun, was notwendig ist, kann im Allgemeinen überliefert und beschrieben werden; nicht nur den Abwesenden, auch den Nachkommen wird ein solcher Rat erteilt: jenes andere – wann es geschehen sollte oder auf welche Weise – wird aus der Ferne niemand anraten; es muss unter den spezifischen Umständen bestimmt werden.

(3) Nicht nur Anwesenheit, sondern auch Aufmerksamkeit ist nötig, um eine schnell vergehende Gelegenheit zu beobachten; daher halte Ausschau nach dieser und ergreife diese, wenn du sie siehst, und strebe es mit ganzer Leidenschaft, mit allen Kräften an, um dich diesen Verpflichtungen zu entledigen. Und gewiss beachte, welchen Gedanken ich vorbringe: ich bin der Ansicht, dass du entweder diese Lebensweise oder das Leben [selbst] aufgeben musst. Aber zugleich urteile ich dahin, dass man einen sanften Weg einschlagen sollte, um lieber aufzuschnüren als gewaltsam auseinanderzureißen, in was du unglücklich verwickelt worden bist, wenn du dich nur, falls keine andere Möglichkeit zur Befreiung existiert, auch [wirklich] losreißt. Niemand ist so verzagt, dass er lieber beständig in der Schwebe hängen will, als einmal zu Boden zu fallen.

(4) Interim, quod primum est, impedire te noli; contentus esto negotiis in quae descendisti, vel, quod videri mavis, incidisti. Non est quod ad ulteriora nitaris, aut perdes excusationem et apparebit te non incidisse. Ista enim quae dici solent falsa sunt: 'Non potui aliter. Quid si nollem? Necesse erat.' Nulli necesse est felicitatem cursu sequi: est aliquid, etiam si non repugnare, subsistere nec instare fortunae ferenti.

(5) Numquid offenderis si in consilium non venio tantum sed advoco, et quidem prudentiores quam ipse sum, ad quos soleo deferre si quid delibero? Epicuri epistulam ad hanc rem pertinentem lege, Idomeneo quae inscribitur, quem rogat ut quantum potest fugiat et properet, antequam aliqua vis maior interveniat et auferat libertatem recedendi.

(6) Idem tamen subicit nihil esse temptandum nisi cum apte poterit tempestiveque temptari; sed cum illud tempus captatum diu venerit, exsiliendum ait. Dormitare de fuga cogitantem vetat et sperat salutarem etiam ex difficillimis exitum, si nec properemus ante tempus nec cessemus in tempore.

(4) Einstweilen, das steht zu Anfang, lass dich ja nicht verwirren; du solltest mit den Aufgaben zufrieden sein, zu denen du dich entschlossen hast, oder, wenn du es lieber so sehen willst, hineingeraten bist. Es gibt keinen Anlass, dass du nach mehr trachtest, oder aber du wirst deine Ausrede verlieren und offenbaren, dass du nicht „hineingeraten" bist. Das nämlich, was gewöhnlich behauptet wird, ist falsch: „Ich konnte nicht anders. Was, wenn du nicht gewollt hättest? Es war unausweichlich." Niemand muss die Glückseligkeit in der Karriere suchen: selbst ohne dagegen anzukämpfen, ist es nicht ohne Bedeutung, innezuhalten und dem erlangten Erfolg nicht weiter nachzusetzen.

(5) Bist du etwa beleidigt, wenn ich zur gemeinsamen Überlegung nicht nur erscheine, sondern Sachverständige hinzurufe, und noch dazu klügere, als ich selbst es bin, zu denen es mich zu verschlagen pflegt, wenn ich über etwas nachdenke. Lies den Brief von Epikur, der sich auf diese Angelegenheit bezieht, der an Idomeneus adressiert ist, welchen er bittet, insoweit es möglich ist, davonzulaufen und sich zu eilen, bevor eine höhere Gewalt dazwischentritt und ihm die Freiheit raubt, sich zurückzuziehen.

(6) Derselbe fügt freilich hinzu, dass man es nur versuchen soll, wenn es angemessen und zur rechten Zeit versucht werden kann; aber wenn jener lange Zeit angestrebte Zeitpunkt gekommen ist, sagt er, muss man aufspringen. Demjenigen, der über die Flucht nachdenkt, gestattet er nicht, sich gehen zu lassen, und er hofft außerdem auf einen vorteilhaften Ausweg aus der schwierigen Lage, sofern wir uns weder vor der rechten Zeit in Bewegung setzen noch bei günstiger Gelegenheit zögern.

(7) Puto, nunc et Stoicam sententiam quaeris. Non est quod quisquam illos apud te temeritatis infamet: cautiores quam fortiores sunt. Exspectas forsitan ut tibi haec dicant: 'Turpe est cedere oneri; luctare cum officio quod semel recepisti. Non est vir fortis ac strenuus qui laborem fugit, nisi crescit illi animus ipsa rerum difficultate.'

(8) Dicentur tibi ista, si operae pretium habebit perseverantia, si nihil indignum bono viro faciendum patiendumve erit; alioqui sordido se et contumelioso labore non conteret nec in negotiis erit negotii causa. Ne illud quidem quod existimas facturum eum faciet, ut ambitiosis rebus implicitus semper aestus earum ferat; sed cum viderit gravia in quibus volutatur, incerta, ancipitia, referet pedem, non vertet terga, sed sensim recedet in tutum.

(9) Facile est autem, mi Lucili, occupationes evadere, si occupationum pretia contempseris; illa sunt quae nos morantur et detinent. 'Quid ergo? Tam magnas spes relinquam? Ab ipsa messe discedam? Nudum erit latus, incomitata lectica, atrium vacuum?' Ab his ergo inviti homines recedunt et mercedem miseriarum amant, ipsas exsecrantur.

(7) Ich denke, du suchst nun auch die stoische Ansicht zu ergründen. Es gibt keinen Grund, dass irgendeiner jene bei dir in den üblen Ruf der Unbesonnenheit bringen könnte: sie sind eher zu vorsichtig als zu kühn. Du erwartest vielleicht, dass sie dir dies hier sagen: „Schimpflich ist es, vor einer schweren Aufgabe zurückzuweichen; mühe dich ab mit der Verpflichtung, die du einmal übernommen hast. Ein Mann, der die Anstrengung meidet, ist nicht tüchtig und entschlossen, es sei denn, dass sich sein Charakter in der schwierigen Lage gerade [erst] entwickelt."

(8) Dies wird dir gesagt werden, falls der Wert der andauernden Mühen geachtet wird, falls ein tüchtiger Mann nichts Schändliches wird machen und erleiden müssen; andernfalls wird er sich durch die schmutzige und schmachvolle Arbeit nicht aufreiben und er wird nicht um der Geschäfte willen geschäftig sein. Nicht einmal jenes, das du erwartest, dass er tun sollte, wird er tun, um, in ehrgeizigen Angelegenheiten verstrickt, beständig die Besorgnis um diese zu ertragen; sondern immer wenn er in den Dingen, mit denen er sich beschäftigt, Beschwerliches, Unsicheres und Missliches erkennt, wird er den Rückzug antreten, nicht zur Flucht sich wenden, sondern allmählich in Sicherheit bringen.

(9) Es ist jedoch leicht, mein Lucilius, den Geschäften zu entgehen, wenn du den Lohn der Geschäfte für gering einschätzt; das ist es, was uns hindert und aufhält. „Was also? So bedeutende Aussichten soll ich aufgeben? Mich aus freien Stücken von der Ernte trennen? Wird meine Seite entblößt, die Sänfte unbegleitet, das Atrium menschenleer sein?" Von daher treten die Menschen also ungern zurück und sie lieben den Lohn ihrer Mühen, die sie an und für sich verfluchen.

(10) Sic de ambitione quo modo de amica queruntur, id est, si verum affectum eorum inspicias, non oderunt sed litigant. Excute istos qui quae cupiere deplorant et de earum rerum loquuntur fuga quibus carere non possunt, videbis voluntariam esse illis in eo moram quod aegre ferre ipsos et misere loquuntur.

(11) Ita est, Lucili: paucos servitus, plures servitutem tenent. Sed si deponere illam in animo est et libertas bona fide placuit, in hoc autem unum advocationem petis, ut sine perpetua sollicitudine id tibi facere contingat, quidni tota te cohors Stoicorum probatura sit? Omnes Zenones et Chrysippi moderata, honesta, tua suadebunt.

(12) Sed si propter hoc tergiversaris, ut circumaspicias quantum feras tecum et quam magna pecunia instruas otium, numquam exitum invenies: nemo cum sarcinis enatat. Emerge ad meliorem vitam propitiis diis, sed non sic quomodo istis propitii sunt quibus bono ac benigno vultu mala magnifica tribuerunt, ob hoc unum excusati, quod ista quae urunt, quae excruciant, optantibus data sunt.

(13) Iam imprimebam epistulae signum: resolvenda est, ut cum sollemni ad te munusculo veniat et aliquam magnificam vocem ferat secum; et occurrit mihi ecce nescio utrum verior an eloquentior. 'Cuius?', inquis. Epicuri; adhuc enim alienas +sarcinas adoro+:

(10) So beklagen sie sich über den Ehrgeiz wie über die Geliebte, das heißt, wenn du ihre wahrhaftige Gemütsverfassung betrachtest, hassen sie [ihn] nicht, sondern sie hadern [mit ihm]. Schüttle diejenigen ab, die laut beklagen, was sie begehren, und über die Flucht aus ihren Geschäften sprechen, von denen sie nicht im Stande sind, sich fernzuhalten; du wirst bemerken, dass sie sich durch jene freiwillig in dem aufhalten, was sie selbst schmerzlich und unglücklich zu ertragen nennen.

(11) Es ist so, Lucilius, die Knechtschaft hält wenige fest, die Mehrheit [hält] an der Knechtschaft [fest]. Aber falls du die Absicht hast, jene aufzugeben, und die Freiheit aufrichtig dein Gefallen gefunden hat, du jedoch bloß einen Aufschub hierfür verlangst, damit es dir gelingt, dies ohne andauernde Sorge zu verwirklichen, warum sollte dich die ganze Schar der Stoiker nicht anerkennen? Alle, auch Zenon und Chrysipp, werden Mäßigung, Ehrbarkeit und das für dich Günstige empfehlen.

(12) Aber wenn du deswegen zögerst, um zu überlegen, wie viel du mit dir nehmen und mit wie großem Vermögen du die beschäftigungslose Zeit ausstatten sollst, wirst du niemals einen Ausweg finden: mit seinem Gepäck rettet sich niemand schwimmend. Mit den gnädig gesinnten Göttern steige empor zu einem besseren Leben, jedoch nicht so, wie sie denen gnädig sind, denen sie mit gütiger und freundlicher Miene glanzvolles Verderben zugewiesen haben, einzig deswegen gerechtfertigt, weil das, was beunruhigt, was peinigt, auf [eigenem] Wunsch gewährt wurde.

(13) Soeben erst habe ich dem Brief mein Zeichen aufgedrückt: [schon] muss er wieder aufgebunden werden, damit er mit der üblichen kleinen Gabe zu dir kommt und irgendeinen großartigen Ausspruch mit sich bringt; und siehe da, vor Augen tritt mir einer, ich weiß nicht, ob eher wahrhaftiger oder wohl formulierter. „Von wem", fragst du. Epikur; noch immer überbringe ich fremdes Gepäck.

---———— ⚜ ————---

(14) 'Nemo non ita exit e vita tamquam modo intraverit.' Quemcumque vis occupa, adulescentem, senem, medium: invenies aeque timidum mortis, aeque inscium vitae. Nemo quicquam habet facti; in futurum enim nostra distulimus. Nihil me magis in ista voce delectat quam quod exprobratur senibus infantia.

(15) 'Nemo', inquit, 'aliter quam quomodo natus est exit e vita.' Falsum est: peiores morimur quam nascimur. Nostrum istud, non naturae vitium est. Illa nobiscum queri debet et dicere: 'Quid hoc est? Sine cupiditatibus vos genui, sine timoribus, sine superstitione, sine perfidia ceterisque pestibus: quales intrastis exite.'s

(16) Percepit sapientiam, si quis tam securus moritur quam nascitur; nunc vero trepidamus cum periculum accessit, non animus nobis, non color constat, lacrimae nihil profuturae cadunt. Quid est turpius quam in ipso limine securitatis esse sollicitum?

(17) Causa autem haec est, quod inanes omnium bonorum sumus, vitae <iactura> laboramus. Non enim apud nos pars eius ulla subsedit: transmissa est et effluxit. Nemo quam bene vivat sed quam diu curat, cum omnibus possit contingere ut bene vivant, ut diu nulli. Vale.

———————

(14) „Jeder tritt aus dem Leben heraus, wie er es gerade erst betreten hat." Nimm in Beschlag, wen auch immer du willst, einen jungen Mann, einen alten Mann, einen Mann in besten Jahren: ebenso furchtsam des Todes, ebenso unkundig des Lebens wirst du sie antreffen. Niemand besitzt irgendetwas, das verwirklicht worden ist; das Unsrige verschieben wir nämlich in die Zukunft. Nichts erfreut mich mehr an diesem Ausspruch, als dass den alten Greisen ihr kindisches Verhalten vorgehalten wird.

(15) „Niemand", sagt er, „geht auf andere Weise aus dem Leben, als (wie) er geboren wurde." Das ist falsch: geringer sterben wir, als wir geboren werden. Dies ist unsere Schuld, nicht die der Natur. Jene muss mit uns hadern und sagen: „Was soll das? Ich bringe euch hervor ohne Begierden, ohne Ängste, ohne Aberglaube, ohne Treulosigkeit und ohne die übrigen Geißeln: geht hinaus, so wie ihr eingetreten seid."

(16) Wenn jemand so sorglos stirbt, wie er geboren wurde, hat er Weisheit angenommen; jetzt aber laufen wir ängstlich umher, wenn eine Gefahr sich nähert, wir verlieren unsere Fassung, wir wechseln die Gesichtsfarbe und nutzlos fallen die Tränen zu Boden. Was ist schändlicher, als sogar an der Schwelle zur Sorglosigkeit in Sorge zu sein?

(17) Das ist aber die Ursache dafür, dass wir aller Tugenden ledig sind, dass wir durch den Verlust des Lebens geplagt werden. Nicht irgendein Stück von ihm ist bei uns zurückgeblieben: es ist verlebt worden und den Händen entglitten. Niemand sorgt sich darum, wie rechtschaffen er lebt, sondern wie lange, obgleich es allen gelingen kann, rechtschaffen zu leben, niemandem, lange zu leben. Lebe wohl.

———————

Liber III – Epistula XXIII

Seneca Lucilio suo Salutem,

(1) Putas me tibi scripturum quam humane nobiscum hiemps gerit, quae et remissa fuit et brevis, quam malignum ver sit, quam praeposterum frigus, et alias ineptias verba quaerentium? Ego vero aliquid quod et mihi et tibi prodesse possit scribam. Quid autem id erit nisi ut te exhorter ad bonam mentem? Huius fundamentum quod sit quaeris? Ne gaudeas vanis. Fundamentum hoc esse dixi: culmen est.

(2) Ad summa pervenit qui scit quo gaudeat, qui felicitatem suam in aliena potestate non posuit; sollicitus est et incertus sui quem spes aliqua proritat, licet ad manum sit, licet non ex difficili petatur, licet numquam illum sperata deceperint.

(3) Hoc ante omnia fac, mi Lucili: disce gaudere. Existimas nunc me detrahere tibi multas voluptates qui fortuita summoveo, qui spes, dulcissima oblectamenta, devitandas existimo? Immo contra nolo tibi umquam deesse laetitiam. Volo illam tibi domi nasci: nascitur si modo intra te ipsum fit. Ceterae hilaritates non implent pectus; frontem remittunt, leves sunt, nisi forte tu iudicas eum gaudere qui ridet: animus esse debet alacer et fidens et supra omnia erectus.

Buch 3 – Brief 23

Seneca grüßt seinen Lucilius,

(1) Glaubst du, dass ich dir schreiben werde, wie freundlich der Winter sich mit uns zeigt, zumal er mild und kurz war, wie karg das Frühjahr sei, wie unzeitig der Frost, und noch dazu das übrige Geschwätz derer, die nach leeren Worten trachten? Ich aber will etwas schreiben, das sowohl mir als auch dir nützlich sein kann. Was jedoch wird das sein, außer dass ich dich zu einer rechtschaffenen Gesinnung ermutige? Was dessen Grundlage sei, fragst du? Dass du dich nicht an Nichtigkeiten erfreust. Ich nannte dies, die Grundlage zu sein? Es ist der Gipfel!

(2) Derjenige gelangt zum Gipfel, der weiß, über was er sich freuen soll, der sein Glück nicht auf eine fremde Macht gebaut hat; ängstlich und seiner unsicher ist derjenige, den irgendein erhofftes Ziel lockt, mag es auch nahe sein, mag es auch unschwer zu ergreifen sein, mag ihn das Erhoffte auch niemals getrogen haben.

(3) Mache vor allem dieses, mein Lucilius: lerne, dich zu erfreuen. Glaubst du nun, dass ich – der ich zufällige Güter abwehre, der ich meine, dass man die Hoffnungen, die angenehmsten Genüsse, vermeiden muss – dir die vielen Freuden entreiße? O nein, im Gegenteil, ich will nicht, dass es dir je an Freude fehlt. Ich will, dass sie dir daheim erwächst: sie entsteht, sofern sie nur in dir selbst erschaffen wird. Die übrigen heiteren Launen erfüllen nicht das Herz; sie glätten die Stirn, sind unbeständig; es sei denn, dass du vielleicht der Meinung bist, dass sich freut, wer lächelt. Der Geist muss lebhaft, zuversichtlich und über alles hinaus aufrichtig sein.

(4) Mihi crede, verum gaudium res severa est. An tu existimas quemquam soluto vultu et, ut isti delicati loquuntur, hilariculo mortem contemnere, paupertati domum aperire, voluptates tenere sub freno, meditari dolorum patientiam? Haec qui apud se versat in magno gaudio est, sed parum blando. In huius gaudii possessione esse te volo: numquam deficiet, cum semel unde petatur inveneris.

(5) Levium metallorum fructus in summo est: illa opulentissima sunt quorum in alto latet vena assidue plenius responsura fodienti. Haec quibus delectatur vulgus tenuem habent ac perfusoriam voluptatem, et quodcumque invecticium gaudium est fundamento caret: hoc de quo loquor, ad quod te conor perducere, solidum est et quod plus pateat introrsus.

(6) Fac, oro te, Lucili carissime, quod unum potest praestare felicem: dissice et conculca ista, quae extrinsecus splendent, quae tibi promittuntur ab alio vel ex alio, ad verum bonum specta et de tuo gaude. Quid est autem hoc 'de tuo'? Te ipso et tui optima parte. Corpusculum quoque, etiam si nihil fieri sine illo potest, magis necessariam rem crede quam magnam; vanas suggerit voluptates, breves, paenitendas, ac nisi magna moderatione temperentur, in contrarium abituras. Ita dico: in praecipiti voluptas ad dolorem vergit, nisi modum tenuit. Modum autem tenere in eo difficile est, quod bonum esse credideris. Veri boni aviditas tuta est.

(4) Glaube mir, wahre Freude ist eine ernste Angelegenheit. Oder meinst du, dass irgendjemand mit sorgenfreier und, wie jene Genussmenschen es immer im Munde führen, mit heiterer Miene den Tod geringschätzt, dass er der Armut sein Haus öffnet, die Leidenschaften im Zaum hält und sich auf das Ertragen von Schmerzen vorbereitet? Wer bei sich verweilt, der besitzt eine große, aber wenig verführerische innere Freude. Im Besitz dieser Freude zu leben, wünsche ich [mir] für dich: sie wird niemals versiegen, sobald du einmal entdeckt hast, von wo her sie entnommen wird.

(5) An der Oberfläche findet die Gewinnung der unbedeutenden Metalle statt: jene sind am herrlichsten, deren Ader in der Tiefe verborgen liegt, sie wird dem beharrlich Grabenden reichlicher zurückzahlen. Dasjenige, von dem die Volksmenge erfreut wird, erweckt ein schwaches und oberflächliches Vergnügen, und alles, was seichte Freude ist, ermangelt es an Grundlage: diese hier, über die ich spreche, an die ich dich heranzuführen versuche, ist dauerhaft und eine, die sich mehr auf das Innere erstreckt.

(6) Ich bitte dich, teuerster Lucilius, tue das, was einen vom Glück Begünstigten auszeichnet: vernichte und zertrete die Dinge, die von außen glänzen, die dir von einem anderen oder in einer anderen Eigenschaft versprochen werden; strebe zur wahren Tugend und erfreue dich an dem Deinen. Was ist aber dieses „an dem Deinen"? An dir selbst und am besten Teil von dir. Auch das [zerbrechliche] Körperchen, selbst wenn nichts ohne es erschaffen werden kann, halte eher für ein notwendiges, als für ein wichtiges Etwas; nichtige Freuden gewährt es, unbedeutende, Reue verursachende, und wenn man sie nicht mit großer Selbstbeherrschung mäßigt, werden sie sich in das Entgegengesetzte verwandeln. Daher sage ich: die Freude, am Rand des Abgrunds zu stehen, neigt sich zum Leid, wenn sie nicht Maß gehalten hat. Es ist jedoch schwierig, Maß in diesem zu halten, wenn du es womöglich für einen guten Zustand hältst. Das Verlangen nach der wahren Tugend ist gefahrlos.

(7) Quod sit istud interrogas, aut unde subeat? Dicam: ex bona conscientia, ex honestis consiliis, ex rectis actionibus, ex contemptu fortuitorum, ex placido vitae et continuo tenore unam prementis viam. Nam illi qui ex aliis propositis in alia transiliunt aut ne transiliunt quidem sed casu quodam transmittuntur, quomodo habere quicquam certum mansurumve possunt suspensi et vagi?

(8) Pauci sunt qui consilio se suaque disponant: ceteri, eorum more quae fluminibus innatant, non eunt sed feruntur; ex quibus alia lenior unda detinuit ac mollius vexit, alia vehementior rapuit, alia proxima ripae cursu languescente deposuit, alia torrens impetus in mare eiecit. Ideo constituendum est quid velimus et in eo perseverandum.

(9) Hic est locus solvendi aeris alieni. Possum enim tibi vocem Epicuri tui reddere et hanc epistulam liberare: 'Molestum est semper vitam inchoare'; aut si hoc modo magis sensus potest exprimi, 'male vivunt qui semper vivere incipiunt.'

(10) 'Quare?', inquis; desiderat enim explanationem ista vox. Quia semper illis imperfecta vita est; non potest autem stare paratus ad mortem qui modo incipit vivere. Id agendum est ut satis vixerimus: nemo hoc praestat qui orditur cum maxime vitam.

(7) Du fragst, was dieses ist oder woher es kommt? Ich sage es dir: aus einem guten Gewissen, aus ehrlichen Absichten, aus tugendhaften Taten, aus der Geringschätzung von Zufälligkeiten, aus einem ruhigen und in sich zusammenhängenden Lebenslauf, der nur einen Weg verfolgt. Denn jene, die von den einen Lebensweisen in die anderen übergehen oder nicht einmal übergehen, sondern gewissermaßen vom Zufall übergesetzt werden, wie können diese Unsicheren und Ziellosen irgendetwas besitzen, das sicher ist oder Bestand haben wird?

(8) Es gibt wenige, die sich und das Ihre mit Überlegung einrichten: die übrigen – in der Art der Dinge, die auf den Flüssen schwimmen – gehen nicht voran, sondern werden davongetragen; von diesen hat die einen ein ruhig fließender Strom festgehalten und recht sanft mit sich geführt, die anderen hat ein heftigerer [Strom] fortgerissen; die einen hat er mit abnehmender Strömung an die nächst gelegene Uferstelle abgesetzt, die anderen hat die reißende Gewalt ins Meer hinausgetrieben. Deshalb müssen wir festlegen, was wir wollen, und beharrlich darin verbleiben.

(9) Dies hier ist die Gelegenheit, um die Schulden abzutragen. Ich kann dir nämlich eine Äußerung von deinem Epikur zukommen lassen und diesen Brief frei kaufen: „Es ist immer beschwerlich, das Leben zu beginnen", oder, sofern der Sinn auf diese Weise besser ausgedrückt werden kann: „Schlecht leben diejenigen, die immerwährend zu leben beginnen."

(10) „Warum?", fragst du; diese Äußerung verlangt nämlich eine Erläuterung. Weil sie immer ein unvollendetes Leben besitzen; es kann sich nun aber derjenige nicht gut gerüstet für den Tod zeigen, der gerade anfängt zu leben. Man muss es vollendet haben, um hinreichend gelebt zu haben: niemand leistet das, der das Leben eben erst beginnt.

(11) Non est quod existimes paucos esse hos: propemodum omnes sunt. Quidam vero tunc incipiunt cum desinendum est. Si hoc iudicas mirum, adiciam quod magis admireris: quidam ante vivere desierunt quam inciperent. Vale.

(11) Es gibt keinen Grund zu glauben, dass es nur wenige von diesen gibt: es sind fast alle. Einige fangen sogar [erst] in dem Augenblick an, wenn es aufgegeben werden muss. Falls du dies für seltsam hältst, werde ich etwas hinzufügen, worüber du dich womöglich [noch] mehr wunderst: manche haben früher aufgehört zu leben, als sie es angefangen haben. Lebe wohl.

Liber III – Epistula XXIV

Seneca Lucilio suo Salutem,

(1) Sollicitum esse te scribis de iudici eventu quod tibi furor inimici denuntiat; existimas me suasurum ut meliora tibi ipse proponas et acquiescas spei blandae. Quid enim necesse est mala accersere, satis cito patienda cum venerint praesumere, ac praesens tempus futuri metu perdere? Est sine dubio stultum, quia quandoque sis futurus miser, esse iam miserum.

(2) Sed ego alia te ad securitatem via ducam: si vis omnem sollicitudinem exuere, quidquid vereris ne eveniat eventurum utique propone, et quodcumque est illud malum, tecum ipse metire ac timorem tuum taxa: intelleges profecto aut non magnum aut non longum esse quod metuis.

(3) Nec diu exempla quibus confirmeris colligenda sunt: omnis illa aetas tulit. In quamcumque partem rerum vel civilium vel externarum memoriam miseris, occurrent tibi ingenia aut profectus aut impetus magni. Numquid accidere tibi, si damnaris, potest durius quam ut mittaris in exilium, ut ducaris in carcerem? Numquid ultra quicquam ulli timendum est quam ut uratur, quam ut pereat? Singula ista constitue et contemptores eorum cita, qui non quaerendi sed eligendi sunt.

Buch 3 – Brief 24

Seneca grüßt seinen Lucilius,

(1) Du schreibst, dass du dich über den Ausgang eines Prozesses in Sorge befindest, den dir die Wut eines Feindes drohend verkündet: du glaubst, dass ich empfehlen werde, dass du dir selbst recht Günstiges in Aussicht stellst und in der verführerischen Hoffnung Ruhe findest. Wozu nämlich ist es notwendig, das Schlechte herbeizurufen, es, nachdem es sich genähert hat, zum recht baldigen Erdulden vorwegzunehmen und die gegenwärtige Zeit durch die Angst um die Zukunft zu vergeuden? Es ist ohne Zweifel töricht, schon jetzt unglücklich zu sein, [nur] weil du irgendwann einmal in Zukunft unglücklich sein könntest.

(2) Aber ich werde dich auf einem anderen Weg zur Sorgenfreiheit führen: wenn du willst, dass jede Sorge abgelegt wird, stelle dir vor, dass alles, was du fürchtest, dass es geschieht, unter allen Umständen geschehen wird, und was auch immer jenes Übel ist, gehe es mit dir selbst durch und schätze deine Besorgnis ab: sicherlich wirst du erkennen, dass das, was du fürchtest, entweder nicht bedeutend oder nicht lang andauernd ist.

(3) Und man muss nicht lange Beispiele sammeln, durch die du ermutigt werden solltest: jedes Zeitalter hat jene hervorgebracht. In welchen Teil sowohl der innen- als auch der außenpolitischen Angelegenheiten du auch immer die Erinnerung geleiten magst, werden dir geniale Menschen entweder von großem Erfolg oder von großem Eifer begegnen. Kann dir etwa, falls du schuldig gesprochen wirst, etwas Ungünstigeres geschehen, als dass du in die Verbannung geschickt wirst, dass du ins Gefängnis abgeführt wirst? Muss denn jemand etwas mehr fürchten, als dass er verbrannt wird, als dass er ums Leben kommt? Bestimme diese [Qualen] jeweils einzeln und rufe deren Verächter herbei, die nicht gesucht werden müssen, sondern ausgewählt.

(4) Damnationem suam Rutilius sic tulit tamquam nihil illi molestum aliud esset quam quod male iudicaretur. Exilium Metellus fortiter tulit, Rutilius etiam libenter; alter ut rediret rei publicae praestitit, alter reditum suum Sullae negavit, cui nihil tunc negabatur. In carcere Socrates disputavit et exire, cum essent qui promitterent fugam, noluit remansitque, ut duarum rerum gravissimarum hominibus metum demeret, mortis et carceris.

(5) Mucius ignibus manum imposuit. Acerbum est uri: quanto acerbius si id te faciente patiaris! Vides hominem non eruditum nec ullis praeceptis contra mortem aut dolorem subornatum, militari tantum robore instructum, poenas a se irriti conatus exigentem; spectator destillantis in hostili foculo dexterae stetit nec ante removit nudis ossibus fluentem manum quam ignis illi ab hoste subductus est. Facere aliquid in illis castris felicius potuit, nihil fortius. Vide quanto acrior sit ad occupanda pericula virtus quam crudelitas ad irroganda: facilius Porsina Mucio ignovit quod voluerat occidere quam sibi Mucius quod non occiderat.

(4) Seine Verurteilung hat Rutilius so ertragen, als ob sie ihm in keiner Weise anders beschwerlich gewesen sei, als dass er böswillig verurteilt wurde. Tapfer ertrug Metellus die Verbannung, Rutilius sogar gerne; der eine hat sich, um zurückzukehren, dem Staat zur Verfügung gestellt, der andere verweigerte Sulla, dem zu diesem Zeitpunkt nichts versagt wurde, seine Rückkehr. Im Kerker hat Sokrates es nach allen Seiten hin betrachtet und, als es welche gab, die ihm die Flucht in Aussicht stellten, wollte er nicht weggehen, sondern blieb zurück, um den Menschen die Angst vor den beiden folgenschwersten Dingen zu nehmen: vor dem Tod und vor dem Kerker.

(5) Mucius hielt seine Hand ins Feuer. Grausam ist es zu verbrennen: wie viel grausamer [ist es], wenn du es auf eigene Veranlassung erduldest! Du siehst einen Mann, der, obwohl nicht gebildet und auch nicht durch irgendwelche Weisungen gegen den Tod oder den Schmerz gerüstet, obwohl nur in militärischer Härte unterwiesen, von sich selbst Sühne für das erfolglose Wagnis fordert; er stand da als Beobachter seiner in die feindliche Feuerschale triefenden, rechten Hand und er zog die bis auf den nackten Knochen zerfließende Hand nicht eher zurück, als bis ihm das Feuer vom Feind entzogen wurde. Es war möglich, in jenem Lager etwas Erfolgreicheres zustande zu bringen, nichts Tapfereres. Schau, wie viel energischer die Tugend darin ist, Wagnisse zu ergreifen, als die Grausamkeit, eine Strafe zu verhängen: Leichter hat Porsenna dem Mucius verziehen, dass er ihn hatte töten wollen, als Mucius sich [selbst], dass er ihn nicht getötet hatte.

(6) 'Decantatae', inquis, 'in omnibus scholis fabulae istae sunt; iam mihi, cum ad contemnendam mortem ventum fuerit, Catonem narrabis.' Quidni ego narrem ultima illa nocte Platonis librum legentem posito ad caput gladio? Duo haec in rebus extremis instrumenta prospexerat, alterum ut vellet mori, alterum ut posset. Compositis ergo rebus, utcumque componi fractae atque ultimae poterant, id agendum existimavit ne cui Catonem aut occidere liceret aut servare contingeret;

(7) et stricto gladio quem usque in illum diem ab omni caede purum servaverat, 'nihil', inquit, 'egisti, fortuna, omnibus conatibus meis obstando. Non pro mea adhuc sed pro patriae libertate pugnavi, nec agebam tanta pertinacia ut liber, sed ut inter liberos, viverem: nunc quoniam deploratae sunt res generis humani, Cato deducatur in tutum.'

(8) Impressit deinde mortiferum corpori vulnus; quo obligato a medicis cum minus sanguinis haberet, minus virium, animi idem, iam non tantum Caesari sed sibi iratus nudas in vulnus manus egit et generosum illum contemptoremque omnis potentiae spiritum non emisit sed eiecit.

(6) „Dieses Geschwätz", sagst du, „wurde in allen Schulen heruntergeleiert. Wenn wir zur Todesverachtung übergehen, wirst du mir alsbald Cato nennen." Warum sollte ich nicht über jene letzte Nacht erzählen, in der er, nachdem er ein Schwert neben sein Haupt gelegt hatte, ein Buch Platons gelesen hat? Diese zwei Werkzeuge hatte er in extremer Lage vor sich gesehen, das eine, um sterben zu wollen, das andere, um [sterben] zu können. Nachdem er also seine Angelegenheiten geordnet hatte, wie auch immer sie mit letzter Kraft geordnet werden konnten, glaubte er, derart tätig werden zu müssen, damit es einerseits niemand möglich war, Cato zu töten, es andererseits [niemand] zuteil wurde, ihn zu retten;

(7) und dann zog er das Schwert, das er bis zu jenem Tag rein von allem Blut bewahrt hatte, [und] sagte: „Du hast nichts dadurch bewirkt, Fortuna, dass du all meinen Anstrengungen im Wege standest. Bis heute habe ich nicht für meine Freiheit, sondern für die des Vaterlands gekämpft, und ich verfolgte es nicht mit so großer Hartnäckigkeit, um frei zu leben, sondern unter Freien: nun, da ja die Angelegenheiten der Menschheit verloren sind, sollte Cato in Sicherheit geleitet werden."

(8) Darauf trieb er sich die tödliche Wunde in den Leib hinein; weil er, nachdem diese von den Ärzten verbunden worden war, zu wenig Blut, zu wenig Kraft, [aber] dieselbe Absicht hatte, führte er, nicht mehr nur auf Cäsar, sondern auf sich selbst zornig, die bloßen Hände in die Wunde und nicht entließ er jene edelmütige und alle Gewalt verachtende Seele, sondern er stieß sie hinaus.

(9) Non in hoc exempla nunc congero ut ingenium exerceam, sed ut te adversus id quod maxime terribile videtur exhorter; facilius autem exhortabor, si ostendero non fortes tantum viros hoc momentum efflandae animae contempsisse sed quosdam ad alia ignavos in hac re aequasse animum fortissimorum, sicut illum Cn. Pompei socerum Scipionem, qui contrario in Africam vento relatus cum teneri navem suam vidisset ab hostibus, ferro se transverberavit et quaerentibus ubi imperator esset, 'imperator', inquit, 'se bene habet.'

(10) Vox haec illum parem maioribus fecit et fatalem Scipionibus in Africa gloriam non est interrumpi passa. Multum fuit Carthaginem vincere, sed amplius mortem. 'Imperator', inquit, 'se bene habet': an aliter debebat imperator, et quidem Catonis, mori?

(11) Non revoco te ad historias nec ex omnibus saeculis contemptores mortis, qui sunt plurimi, colligo; respice ad haec nostra tempora, de quorum languore ac delicis querimur: omnis ordinis homines suggerent, omnis fortunae, omnis aetatis, qui mala sua morte praeciderint. Mihi crede, Lucili, adeo mors timenda non est ut beneficio eius nihil timendum sit.

(9) Dabei stelle ich die Beispiele nun nicht zusammen, um den Geist zu beschäftigen, sondern um dich gegen das zu ermutigen, was als höchst furchterregend betrachtet wird; müheloser aber werde ich dich ermutigen, wenn ich zeige, dass nicht nur die tüchtigen Männer diesen Moment, in dem das Leben ausgehaucht wird, gleichgültig hingenommen haben, sondern, dass etliche, in anderer Beziehung feige Menschen, in dieser Sache den Mut der Tapfersten erreicht haben, wie zum Beispiel jener Scipio, Schwiegervater des Gnaeus Pompeius, der sich, von ungünstigem Wind zurück nach Afrika getragen, mit dem Schwert durchbohrte, nachdem er gesehen hatte, dass sein Schiff von den Feinden besetzt gehalten wurde, und, als gefragt wurde, wo der Feldherr sei, gesagt hat: „Um den Feldherrn steht es gut."

(10) Dieser Ausspruch hat ihn auf gleicher Ebene mit den Ahnen gebracht und er ließ nicht zu, dass der vom Schicksal bestimmte Ruhm der Scipionen in Afrika unterbrochen wurde. Bedeutend war es, Karthago zu besiegen, mehr noch den Tod. „Um den Feldherrn steht es gut", sagte er: oder durfte ein Feldherr, und gerade der eines Cato, anders sterben?

(11) Ich verweise dich nicht wieder auf die überlieferten Geschichten und ich suche auch nicht aus allen Zeitaltern die Verächter des Todes zusammen, von denen es sehr viele gibt; sieh auf diese unsere Zeiten, über deren Trägheit und Vergnügungen wir klagen: sie wird Menschen jeden Ranges, jeden Vermögens, jeden Alters hinzufügen, die ihr Leiden durch den Tod abkürzen. Glaube mir, Lucilius, so wenig muss man den Tod fürchten, dass durch seine Gnade nichts zu fürchten ist.

(12) Securus itaque inimici minas audi; et quamvis conscientia tibi tua fiduciam faciat, tamen, quia multa extra causam valent, et quod aequissimum est spera et ad id te quod est iniquissimum compara. Illud autem ante omnia memento, demere rebus tumultum ac videre quid in quaque re sit: scies nihil esse in istis terribile nisi ipsum timorem.

(13) Quod vides accidere pueris, hoc nobis quoque maiusculis pueris evenit: illi quos amant, quibus assueverunt, cum quibus ludunt, si personatos vident, expavescunt: non hominibus tantum sed rebus persona demenda est et reddenda facies sua.

(14) Quid mihi gladios et ignes ostendis et turbam carnificum circa te frementem? Tolle istam pompam sub qua lates et stultos territas: mors es, quam nuper servus meus, quam ancilla contempsit. Quid tu rursus mihi flagella et eculeos magno apparatu explicas? Quid singulis articulis singula machinamenta quibus extorqueantur aptata et mille alia instrumenta excarnificandi particulatim hominis? Pone ista quae nos obstupefaciunt; iube conticiscere gemitus et exclamationes et vocum inter lacerationem elisarum acerbitatem: nempe dolor es, quem podagricus ille contemnit, quem stomachicus ille in ipsis delicis perfert, quem in puerperio puella perpetitur. Levis es si ferre possum; brevis es si ferre non possum.

(12) Vernimm deshalb ohne Sorgen die Drohungen des Feindes; und obgleich dir dein gutes Gewissen Zuversicht einflößt, erwarte gleichwohl, weil vieles über den vorliegenden Sachverhalt hinaus Einfluss hat, dasjenige, was sehr wohlgesonnen ist, aber bereite dich dazu auf dasjenige vor, was sehr ungünstig ist. Denke aber vor allem daran, den Dingen die Unruhe zu nehmen und darauf zu achten, was sich in welcher Lage auch immer ereignet: du wirst verstehen, dass außer der Furcht selbst nichts an ihnen schrecklich ist.

(13) Was du Kindern widerfahren siehst, das geschieht auch uns, den etwas älteren Kindern: Jene, die sie lieben, an die sie sich gewöhnt haben, mit denen sie spielen, erschrecken sie, wenn sie sie maskiert sehen: nicht nur den Menschen, sondern auch den Dingen muss die Maske abgenommen und ihr [wahres] Gesicht wieder zum Vorschein gebracht werden.

(14) Was zeigst du mir Schwerter und Feuer und die Schar der Henker, die rings um dich herum tobt? Beende diesen Aufzug, unter dem du dich verbirgst und die Einfältigen in Schrecken hältst: du bist der Tod, den vor kurzem mein Sklave, den eine Sklavin gleichgültig hingenommen hat. Warum breitest du wieder Peitschen und Folterpferde mit zahlreichem Gerät vor mir aus? Wozu für jeden einzelnen Knochen jeweils einzeln angepasste Folterwerkzeuge, mit denen sie herausgerissen werden, und [wozu] die tausend anderen Instrumente zum stückweisen Zerfleischen der Menschen? Leg nieder das, was uns in Schrecken versetzt; lass die Klagen verstummen und die Aufschreie und die während des Zerfetzens ausgestoßenen Schmerzenslaute: ja wirklich, du bist der Schmerz, den dieser Gichtkranke dort gering schätzt, den dieser Magenkranke dort gerade bei üppigen Genüssen erduldet, den die junge Frau im Kindbett erträgt. Leicht bist du, wenn ich imstande bin dich zu ertragen, kurz bist du, wenn ich es nicht kann.

(15) Haec in animo voluta, quae saepe audisti, saepe dixisti; sed an vere audieris, an vere dixeris, effectu proba; hoc enim turpissimum est quod nobis obici solet, verba nos philosophiae, non opera tractare. Quid? Tu nunc primum tibi mortem imminere scisti, nunc exilium, nunc dolorem? In haec natus es; quidquid fieri potest quasi futurum cogitemus.

(16) Quod facere te moneo scio certe fecisse: nunc admoneo ut animum tuum non mergas in istam sollicitudinem; hebetabitur enim et minus habebit vigoris cum exsurgendum erit. Abduc illum a privata causa ad publicam; dic mortale tibi et fragile corpusculum esse, cui non ex iniuria tantum aut ex potentioribus viribus denuntiabitur dolor: ipsae voluptates in tormenta vertuntur, epulae cruditatem afferunt, ebrietates nervorum torporem tremoremque, libidines pedum, manuum, articulorum omnium depravationes.

(17) Pauper fiam: inter plures ero. Exul fiam: ibi me natum putabo quo mittar. Alligabor: quid enim? Nunc solutus sum? Ad hoc me natura grave corporis mei pondus adstrinxit. Moriar: hoc dicis, desinam aegrotare posse, desinam alligari posse, desinam mori posse.

(15) Dieses, was du oft gehört hast, oft gesagt hast, erwäge ständig im Geiste; doch ob du wahrhaftig gehört, ob du wahrhaftig gesprochen hast, prüfe am Erfolg; das ist nämlich das Schändlichste, was uns gewöhnlich vorgeworfen wird: dass wir uns mit den Worten der Philosophie beschäftigen, nicht mit den Taten. Was? Du hast nun zum ersten Mal verstanden, dass dir der Tod bevorsteht, bald die Verbannung, bald der Schmerz? Dazu bist du geboren; wir wollen uns alles, was geschehen kann, gleichsam als bevorstehend vorstellen.

(16) Ich weiß, dass du dasjenige, das zu tun ich dich auffordere, gewiss getan hast: nun rede ich dir zu, damit du deinen Geist nicht in diese bange Sorge versenkst; er wird nämlich geschwächt werden und zu wenig an Tatkraft haben, wenn er sich erheben soll. Lenke ihn ab von deiner persönlichen Lage zu der von jedermann; versichere dir [selbst], dass dein zartes Körperchen sterblich und vergänglich ist, dem nicht nur durch Unrecht oder durch einflussreiche Kräfte Leid drohen wird: selbst Vergnügungen werden sich zu Qualen wandeln, Speisen verursachen einen verdorbenen Magen, Trinkgelage eine Lähmung und ein Zittern der Muskeln, zügellose Begierden Entstellungen der Füße, der Hände und aller kleinen Gelenke.

(17) Ich werde arm sein: ich bin inmitten der Mehrheit. Ich werde verbannt: ich stelle mir vor, dass ich dort geboren wurde, wohin ich geschickt werde. Ich werde in Fesseln gelegt: was nun aber? Bin ich jetzt frei? Zudem hat mich die Natur an die schwere Bürde meines Körpers gebunden. Ich werde sterben: dadurch sagst du, ich werde nicht mehr krank sein können, ich werde nicht mehr gefesselt werden können, ich werde nicht mehr sterben können.

(18) Non sum tam ineptus ut Epicuream cantilenam hoc loco persequar et dicam vanos esse inferorum metus, nec Ixionem rota volvi nec saxum umeris Sisyphi trudi in adversum nec ullius viscera et renasci posse cotidie et carpi: nemo tam puer est ut Cerberum timeat et tenebras et larvalem habitum nudis ossibus cohaerentium. Mors nos aut consumit aut exuit; emissis meliora restant onere detracto, consumptis nihil restat, bona pariter malaque summota sunt.

(19) Permitte mihi hoc loco referre versum tuum, si prius admonuero ut te iudices non aliis scripsisse ista sed etiam tibi. Turpe est aliud loqui, aliud sentire: quanto turpius aliud scribere, aliud sentire! Memini te illum locum aliquando tractasse, non repente nos in mortem incidere sed minutatim procedere.

(20) Cotidie morimur; cotidie enim demitur aliqua pars vitae, et tunc quoque cum crescimus vita decrescit. Infantiam amisimus, deinde pueritiam, deinde adulescentiam. Usque ad hesternum quidquid transiit temporis perit; hunc ipsum quem agimus diem cum morte dividimus. Quemadmodum clepsydram non extremum stilicidium exhaurit sed quidquid ante defluxit, sic ultima hora qua esse desinimus non sola mortem facit sed sola consummat; tunc ad illam pervenimus, sed diu venimus.

(18) Ich bin nicht so albern, dass ich an dieser Stelle Epikurs abgedroschenes Lied vortrage und als gewiss behaupte, dass die Ängste vor der Unterwelt grundlos sind, dass weder Ixion mit dem Rad gedreht, noch dass der Felsblock von den Schultern des Sisyphos entgegengesetzt vorangetrieben wird, noch dass irgendjemandes Eingeweide sowohl täglich erneuert, als auch gefressen werden können: niemand ist so sehr ein Kind, dass er Cerberus und die Dunkelheit und sogar das gespensterhafte Äußere von zusammenhängenden nackten Knochen fürchtet. Der Tod rafft uns entweder dahin oder er macht uns frei; der Bürde entrissen bleibt den Freigelassenen das Bessere zurück, den Dahingerafften bleibt nichts übrig, Gutes und Schlechtes ist in gleicher Weise entzogen worden.

(19) Erlaube mir an dieser Stelle deinen Vers zu zitieren, wenn ich dich auch zuerst auffordere, dass du erkennst, dass du dies nicht nur für andere geschrieben hast, sondern auch für dich selbst. Schändlich ist es, dass eine zu reden, das andere zu denken: wie viel schändlicher, dass eine zu schreiben, das andere zu denken! Ich erinnere mich, dass du jenes Thema, dass wir nicht plötzlich auf den Tod treffen, sondern stückchenweise voranschreiten, irgendwann einmal erörtert hast.

(20) Täglich sterben wir; täglich nämlich wird ein anderer Teil des Lebens genommen, und auch dann, wenn wir heranwachsen, entschwindet das Leben. Wir haben die Kindheit verloren, darauf das Knabenalter, darauf die Jugendzeit. Bis zum gestrigen Tag verliert sich alles, was an Zeit vorübergeht; selbst den heutigen Tag, den wir verleben, teilen wir mit dem Tod. So wie nicht der letzte herabfallende Tropfen die Wasseruhr ausleert, sondern jeder, der vorher abgeflossen ist, so bringt nicht allein die letzte Stunde, in der wir aufhören zu existieren, den Tod, sondern sie vollendet es bloß; in diesem Augenblick gelangen wir zu ihm, aber eine lange Zeit hat er sich genähert.

(21) Haec cum descripsisses quo soles ore, semper quidem magnus, numquam tamen acrior quam ubi veritati commodas verba, dixisti: 'Mors non una venit, sed quae rapit ultima mors est.' Malo te legas quam epistulam meam; apparebit enim tibi hanc quam timemus mortem extremam esse, non solam.

(22) Video quo spectes: quaeris quid huic epistulae infulserim, quod dictum alicuius animosum, quod praeceptum utile. Ex hac ipsa materia quae in manibus fuit mittetur aliquid. Obiurgat Epicurus non minus eos qui mortem concupiscunt quam eos qui timent, et ait: 'Ridiculum est currere ad mortem taedio vitae, cum genere vitae ut currendum ad mortem esset effeceris.'

(23) Item alio loco dicit: 'Quid tam ridiculum quam appetere mortem, cum vitam inquietam tibi feceris metu mortis?' His adicias et illud eiusdem notae licet, tantam hominum imprudentiam esse, immo dementiam, ut quidam timore mortis cogantur ad mortem.

(24) Quidquid horum tractaveris, confirmabis animum vel ad mortis vel ad vitae patientiam; in utrumque enim monendi ac firmandi sumus, et ne nimis amemus vitam et ne nimis oderimus. Etiam cum ratio suadet finire se, non temere nec cum procursu capiendus est impetus.

(21) Nachdem du dieses in deiner gewohnten Sprache niedergeschrieben hattest, gewiss immer bedeutend, gleichwohl niemals scharfsinniger als wenn du deine Äußerungen mit der Wahrheit in Einklang bringst, hast du gesagt: „Nicht ein einziger Tod naht heran, allein der letzte Tod ist derjenige, der dahinrafft." Lieber wollte ich, du würdest dich [selbst] lesen als meinen Brief; dies wird dir jedenfalls einleuchten, dass der Tod, den wir fürchten, der letzte ist, nicht der einzige.

(22) Ich verstehe, wonach du dich umschaust: du fragst dich, was ich diesem Brief beigefügt habe, welches beherztes Wort von jemanden, welche nützliche Regel. Unmittelbar aus dem Material, welches behandelt wurde, wird etwas gesendet. Es tadelt Epikur nicht weniger diejenigen, die den Tod begehren, als diejenigen, die ihn fürchten, und er sagt: „Es ist lächerlich, aus Überdruss vor dem Leben dem Tod entgegenzueilen, wenn du mit der Art und Weise deines Lebens bewirkt hast, dass dem Tod entgegengeeilt werden muss."

(23) An anderer Stelle sagte er auch: „Was ist so lächerlich, wie den Tod zu begehren, nachdem du dir mit der Angst vor dem Tod ein Leben ohne Ruhe bereitet hast." Diesem magst du auch Folgendes mit demselben Gepräge hinzufügen, dass die Unwissenheit, ja vielmehr der Wahnsinn der Menschen so groß ist, dass einige aus Angst vor dem Tod in den Tod getrieben werden.

(24) Was auch immer du davon abhandelst, du wirst deinen Geist entweder zum Ertragen des Todes oder des Lebens festigen; in beiderlei Hinsicht müssen wir uns jedenfalls ermahnen und stärken, um das Leben einerseits nicht allzu sehr zu lieben, es andererseits auch nicht allzu sehr zu hassen. Auch wenn die Vernunft den Rat gibt, sich ein Ende zu bereiten, darf es nicht unbesonnen oder überstürzt in Angriff genommen werden.

(25) Vir fortis ac sapiens non fugere debet e vita sed exire; et ante omnia ille quoque vitetur affectus qui multos occupavit, libido moriendi. Est enim, mi Lucili, ut ad alia, sic etiam ad moriendum inconsulta animi inclinatio, quae saepe generosos atque acerrimae indolis viros corripit, saepe ignavos iacentesque: illi contemnunt vitam, hi gravantur.

(26) Quosdam subit eadem faciendi videndique satietas et vitae non odium sed fastidium, in quod prolabimur ipsa impellente philosophia, dum dicimus: 'Quousque eadem? Nempe ex pergiscar dormiam, <edam> esuriam, algebo aestuabo. Nullius rei finis est, sed in orbem nexa sunt omnia, fugiunt ac sequuntur; diem nox premit, dies noctem, aestas in autumnum desinit, autumno hiemps instat, quae vere compescitur; omnia sic transeunt ut revertantur. Nihil novi facio, nihil novi video: fit aliquando et huius rei nausia.' Multi sunt qui non acerbum iudicent vivere sed supervacuum. Vale.

(25) Der tapfere und kluge Mann soll nicht aus dem Leben fliehen, sondern heraustreten; und vor allem sollte auch jene Gemütsverfassung vermieden werden, die viele ergriffen hat: das Verlangen zu sterben. Es gibt nämlich, mein Lucilius, wie zu anderem, so auch zum Sterben eine unbesonnene Gefühlsneigung, die oft edelmütige und vom Charakter äußerst energische Männer ergreift, oft untüchtige und mutlos darniederliegende: erstere verachten das Leben, letztere sind es müde.

(26) Manche überkommt Ekel, dasselbe zu tun und zu sehen, und nicht ein Hass auf das Leben, sondern ein Widerwille, in den wir, durch die Philosophie selbst veranlasst, verfallen, indem wir sagen: „Wie lange noch dasselbe? Freilich, ich werde aufwachen, schlafen, essen, hungern, frieren, schwitzen. Nichts hat ein Ende, sondern alles ist in einer kreisförmigen Bewegung gebunden, es läuft davon und schließt sich an; die Nacht verfolgt den Tag, der Tag die Nacht, der Sommer endet im Herbst, dem Herbst drängt der Winter nach, der vom Frühling bezähmt wird; alles zieht vorbei, doch so, dass es zurückkehrt. Nichts Neues erschaffe ich, nichts Neues sehe ich: irgendwann entsteht auch daraus Ekel erregende Langeweile." Es sind viele, die es nicht für bitter halten zu leben, sondern für überflüssig. Lebe wohl.

Liber III – Epistula XXV

Seneca Lucilio suo Salutem,

(1) Quod ad duos amicos nostros pertinet, diversa via eundum est; alterius enim vitia emendanda, alterius frangenda sunt. Utar libertate tota: non amo illum nisi offendo. 'Quid ergo?', inquis, 'quadragenarium pupillum cogitas sub tutela tua continere? Respice aetatem eius iam duram et intractabilem: non potest reformari; tenera finguntur.'

(2) An profecturus sim nescio: malo successum mihi quam fidem deesse. Nec desperaveris etiam diutinos aegros posse sanari, si contra intemperantiam steteris, si multa invitos et facere coegeris et pati. Ne de altero quidem satis fiduciae habeo, excepto eo quod adhuc peccare erubescit; nutriendus est hic pudor, qui quamdiu in animo eius duraverit, aliquis erit bonae spei locus.

Buch 3 – Brief 25

Seneca grüßt seinen Lucilius,

(1) Was unsere beiden Freunde betrifft, muss ein entgegengesetzter Weg beschritten werden; die schlechten Eigenschaften des einen müssen verbessert, die des anderen gebändigt werden. Ich werde in aller Freimütigkeit sprechen: ich kann jenen nicht gern haben, wenn ich nicht seinen Unwillen errege. „Was denn?", sagst du, „ein vierzig Jahre altes Mündel beabsichtigst du unter deiner Vormundschaft zu halten? Beachte sein Alter, schon verhärtet und ungefügig: man kann ihn nicht mehr ändern; [nur] junge Menschen werden geformt."

(2) Ich weiß nicht, ob ich etwas ausrichten werde: lieber will ich, dass es mir am Erfolg mangelt, als an Zuversicht. Und man sollte die Hoffnung nicht aufgeben, auch lange Zeit Kranke heilen zu können, wenn man sich gegen ihre Zügellosigkeit behauptet, wenn man sie gegen ihren Willen zwingt, sowohl vieles zu tun als auch zu ertragen. Nicht einmal was den anderen anbelangt habe ich hinreichend Zuversicht, abgesehen davon, dass er sich immer noch schämt, einen Fehler zu begehen; dieses Schamgefühl muss gepflegt werden, solange es nämlich in seinem Charakter Bestand hat, wird es manch eine Gelegenheit zu guter Hoffnung geben.

(3) Cum hoc veterano parcius agendum puto, ne in desperationem sui veniat; nec ullum tempus aggrediendi fuit melius quam hoc, dum interquiescit, dum emendato similis est. Aliis haec intermissio eius imposuit, mihi verba non dat: exspecto cum magno fenore vitia reditura, quae nunc scio cessare, non deesse. Impendam huic rei dies et utrum possit aliquid agi an non possit experiar.

(4) Tu nobis te, ut facis, fortem praesta et sarcinas contrahe; nihil ex his quae habemus necessarium est. Ad legem naturae revertamur; divitiae paratae sunt. Aut gratuitum est quo egemus, aut vile: panem et aquam natura desiderat. Nemo ad haec pauper est, intra quae quisquis desiderium suum clusit cum ipso Iove de felicitate contendat, ut ait Epicurus, cuius aliquam vocem huic epistulae involvam.

(5) 'Sic fac', inquit, 'omnia tamquam spectet Epicurus.' Prodest sine dubio custodem sibi imposuisse et habere quem respicias, quem interesse cogitationibus tuis iudices. Hoc quidem longe magnificentius est, sic vivere tamquam sub alicuius boni viri ac semper praesentis oculis, sed ego etiam hoc contentus sum, ut sic facias quaecumque facies tamquam spectet aliquis: omnia nobis mala solitudo persuadet.

(3) Ich denke, bei diesem alten Soldaten muss man sich zurückhaltender verhalten, damit er nicht in Verzweiflung über sich selbst gerät; und es gab keinen besseren Zeitpunkt, an ihn heranzutreten, als diesen, während er innehielt, während er einem Geläuterten ähnlich war. Die anderen hat sein gegenwärtiges Nachlassen getäuscht, mich führt er nicht hinters Licht: ich erwarte, dass seine schlechten Eigenschaften, die, ich weiß es, im gegenwärtigen Augenblick ruhen, [und] nicht verschwunden sind, mit beträchtlichem Zins zurückkehren werden. Ich werde dieser Angelegenheit festgesetzte Tage opfern und in Erfahrung bringen, ob man etwas in Bewegung setzen kann, oder es nicht kann.

(4) Zeige du dich uns – wie du es tust – voller Kraft und Mut und ziehe dein Bündel zusammen; nichts von dem, was wir besitzen, ist unentbehrlich. Wir sollten zum Gebot der Natur zurückkehren; Reichtum ist leicht zu Diensten stehend. Entweder ist unentgeltlich, was wir benötigen, oder billig: die Natur verlangt nach Brot und Wasser. An diesen ist niemand arm; beschränkt auf diese kann sich jeder, der sein Verlangen verschließt, sogar mit Jupiter an Glückseligkeit messen, wie Epikur sagt, von dem ich einen Ausspruch mit dem heutigen Brief umhüllen werde.

(5) „Handle so", sagt er, „als ob Epikur alles beobachten kann." Es ist ohne Zweifel nützlich, sich einen Wächter auferlegt und auf seiner Seite zu haben, den du berücksichtigen solltest, den du bestimmst, deinem Gedachtem beizuwohnen. Umso weit großartiger ist es sicherlich, so zu leben, wie unter den Augen irgendeines tüchtigen und immer gegenwärtigen Mannes, aber ich bin auch damit zufrieden, dass du alles, was du tun wirst, so tust, als ob jemand zuschaut: das Alleinsein verführt uns zu allem Schlechten.

(6) Cum iam profeceris tantum ut sit tibi etiam tui reverentia, licebit dimittas paedagogum: interim aliquorum te auctoritate custodi – aut Cato ille sit aut Scipio aut Laelius aut alius cuius interventu perditi quoque homines vitia supprimerent, dum te efficis eum cum quo peccare non audeas. Cum hoc effeceris et aliqua coeperit apud te tui esse dignatio, incipiam tibi permittere quod idem suadet Epicurus: 'Tunc praecipue in te ipse secede cum esse cogeris in turba.'

(7) Dissimilem te fieri multis oportet, dum tibi tutum sit ad te recedere. Circumspice singulos: nemo est cui non satius sit cum quolibet esse quam secum. 'Tunc praecipue in te ipse secede cum esse cogeris in turba' - si bonus vir <es>, si quietus, si temperans. Alioquin in turbam tibi a te recedendum est: istic malo viro propius es. Vale.

———

(6) Sobald du nun so große Fortschritte gemacht hast, dass du Achtung deiner [selbst] empfindest, wirst du den Lehrer entlassen dürfen: einstweilen kontrolliere dich an irgendeinem Vorbild – das könnte jener berühmte Cato sein oder Scipio oder Laelius oder irgendeiner, durch dessen Einschreiten auch verdorbene Menschen ihre schlechten Eigenschaften unterdrücken würden, solange bis du dich zu einem solchen gemacht hast, in dessen Begleitung man nicht zu sündigen wagt. Wenn du dieses erreicht hast und auf irgendeine Art bei dir eine Hochachtung deiner selbst entstanden ist, werde ich anfangen, dir zu gestatten, was auch Epikur an Rat gibt: „Ziehe dich besonders dann in dich selbst zurück, wenn du gezwungen sein wirst, dich in der Menschenmenge aufzuhalten."

(7) Du musst den Vielen unähnlich werden, solange bis du dich gefahrlos in dich selbst zurückziehen kannst. Betrachte jeden Einzelnen: es gibt niemanden, für den es nicht besser sein dürfte, mit jedem Beliebigen zusammen zu sein als mit sich selbst. „Ziehe dich vor allem dann in dich selbst zurück, wenn du genötigt wirst, dich in einer Menschenmenge aufzuhalten" – falls du ein tüchtiger, ruhiger und Maß haltender Mann bist. Andernfalls musst du dich vor dir selbst in die Menge zurückziehen: bei dir [selbst] bist du einem verderblichen Mann allzu nahe. Lebe wohl.

———————

Liber III – Epistula XXVI

Seneca Lucilio suo Salutem,

(1) Modo dicebam tibi in conspectu esse me senectutis: iam vereor ne senectutem post me reliquerim. Aliud iam his annis, certe huic corpori, vocabulum convenit, quoniam quidem senectus lassae aetatis, non fractae nomen est: inter decrepitos me numera et extrema tangentis.

(2) Gratias tamen mihi apud te ago: non sentio in animo aetatis iniuriam, cum sentiam in corpore. Tantum vitia et vitiorum ministeria senuerunt: viget animus et gaudet non multum sibi esse cum corpore; magnam partem oneris sui posuit. Exsultat et mihi facit controversiam de senectute: hunc ait esse florem suum. Credamus illi: bono suo utatur.

(3) Ire in cogitationem iubet et dispicere quid ex hac tranquillitate ac modestia morum sapientiae debeam, quid aetati, et diligenter excutere quae non possim facere, quae nolim, proinde habiturus atque si nolim quidquid non posse me gaudeo: quae enim querela est, quod incommodum, si quidquid debebat desinere defecit?

Buch 3 – Brief 26

Seneca grüßt seinen Lucilius,

(1) Eben erst erzählte ich dir, dass ich mich im Blickfeld des Greisenalters befinde: jetzt fürchte ich, dass ich das Greisenalter hinter mich gelassen habe. Schon ist eine andere Bezeichnung für diese Lebensjahre, gewiss für diesen Körper, passend, weil nämlich „Greisenalter" der Name des ermatteten, aber nicht gebeugten Lebens ist: rechne mich zu den Altersschwachen und denen, die an den äußersten Punkt stoßen.

(2) Dennoch bringe ich mir Dankbarkeit vor dir zum Ausdruck: im Geiste verspüre ich nicht die Kränkung des Alters, hingegen ich sie im Körper bemerke. Nur die Laster und die Gehilfen der Laster sind gealtert; der Geist ist frisch und er freut sich, dass er nicht viel mit dem Körper zu tun hat; einen großen Teil seiner Last hat er abgelegt. Er ist ausgelassen und er fängt mit mir ein Streitgespräch über das Alter an: er behauptet, jetzt in seiner Blüte zu stehen. Lasst uns ihm glauben: er soll sein Glück genießen.

(3) Er fordert mich auf, ins Denken zu verfallen und zu erwägen, was ich von dieser Seelenruhe und der Mäßigung des Charakters der Weisheit verdanke, was dem Alter, und gründlich zu untersuchen, was ich nicht tun kann, was ich nicht [tun] will, [und] ebenso erfreue ich mich daran, alles, was ich nicht kann, anzusehen, als ob ich es nicht will: welche Beschwerde, welches Unglück gibt es denn, wenn alles zu Ende gegangen ist, was enden musste?

(4) 'Incommodum summum est', inquis, 'minui et deperire et, ut proprie dicam, liquescere. Non enim subito impulsi ac prostrati sumus: carpimur, singuli dies aliquid subtrahunt viribus.' Ecquis exitus est melior quam in finem suum natura solvente dilabi? Non quia aliquid mali ictus et e vita repentinus excessus, sed quia lenis haec est via, subduci. Ego certe, velut appropinquet experimentum et ille laturus sententiam de omnibus annis meis dies venerit, ita me observo et alloquor:

(5) 'Nihil est', inquam, 'adhuc quod aut rebus aut verbis exhibuimus; levia sunt ista et fallacia pignora animi multisque involuta lenociniis: quid profecerim morti crediturus sum. Non timide itaque componor ad illum diem quo remotis strophis ac fucis de me iudicaturus sum, utrum loquar fortia an sentiam, numquid simulatio fuerit et mimus quidquid contra fortunam iactavi verborum contumacium.

(6) Remove existimationem hominum: dubia semper est et in partem utramque dividitur. Remove studia tota vita tractata: mors de te pronuntiatura est. Ita dico: disputationes et litterata colloquia et ex praeceptis sapientium verba collecta et eruditus sermo non ostendunt verum robur animi; est enim oratio etiam timidissimis audax. Quid egeris tunc apparebit cum animam ages. Accipio condicionem, non reformido iudicium.'

(4) „Das größte Unglück ist es", sagst du, „geschwächt zu werden und zugrunde zu gehen und, um es passend zu benennen, zu verwesen. Wir wurden nämlich nicht plötzlich zu Fall gebracht und vernichtet: wir werden allmählich aufgezehrt, jeder einzelne Tag entzieht uns etwas von unseren Kräften." Ist etwa irgendein Schicksal besser, als durch die schwächende Natur an seinem Ende zu verfallen? Nicht weil ein Schicksalsschlag und sogar ein plötzliches Dahinscheiden aus dem Leben etwas Schlimmes, sondern weil diese Art und Weise, sich zu entfernen, sanfter ist. Gleichsam als ob eine Prüfung bevorstehe und jener Tag gekommen sei, der ein Urteil über alle meine Jahre abgeben wird, so beobachte ich mich doch wenigstens und spreche mir zu:

(5) „Es gibt nichts", sage ich, „was wir bisher entweder durch Taten oder mit Worten bewiesen haben; unbedeutende und trügerische Beweise des Geistes sind diese und [dazu] eingehüllt in viele gewinnende Worte: was ich erreicht habe, werde ich dem Tod anvertrauen. Nicht furchtsam mache ich mich daher auf jenen Tag gefasst, an dem ich frei von Kunstgriffen und Falschheit über mich richten werde, ob ich es unerschrocken aussprechen oder empfinden werde, ob etwa alles Heuchelei und Possenspiel gewesen sein wird, was ich gegenüber dem Schicksal an trotzigen Worten im Mund geführt habe.

(6) Wende dich ab von der Meinung der Leute: sie ist immer schwankend und wird ins Für und Wider zerlegt. Wende dich ab von den Studien, die das ganze Leben über erörtert wurden, der Tod wird über dich den Richterspruch fällen. Daher sage ich: Abhandlungen, gelehrte Unterhaltungen, gesammelte Sprüche aus den Lehren der philosophisch Gebildeten und eine feine Ausdrucksweise offenbaren nicht den wahren Kern des Charakters; denn kühn ist selbst das Reden des Furchtsamsten. Was du vollbracht hast, wird dann sichtbar werden, wenn du in den letzten Zügen liegst. Ich nehme das als Bestimmung hin, ich fürchte das Urteil nicht."

(7) Haec mecum loquor, sed tecum quoque me locutum puta. Iuvenior es: quid refert? Non dinumerantur anni. Incertum est quo loco te mors exspectet; itaque tu illam omni loco exspecta.

(8) Desinere iam volebam et manus spectabat ad clausulam, sed conficienda sunt aera et huic epistulae viaticum dandum est. Puta me non dicere unde sumpturus sim mutuum: scis cuius arca utar. Exspecta me pusillum, et de domo fiet numeratio; interim commodabit Epicurus, qui ait: 'Meditare mortem', vel si commodius sic transire ad nos hic potest sensus: 'Egregia res est mortem condiscere.'

(9) Supervacuum forsitan putas id discere quod semel utendum est. Hoc est ipsum quare meditari debeamus: semper discendum est quod an sciamus experiri non possumus.

(10) 'Meditare mortem': qui hoc dicit meditari libertatem iubet. Qui mori didicit servire dedidicit; supra omnem potentiam est, certe extra omnem. Quid ad illum carcer et custodia et claustra? Liberum ostium habet. Una est catena quae nos alligatos tenet, amor vitae, qui ut non est abiciendus, ita minuendus est, ut si quando res exiget nihil nos detineat nec impediat quominus parati simus quod quandoque faciendum est statim facere. Vale.

———————

(7) Dieses sage ich von mir, aber stell dir vor, dass ich auch von dir gesprochen habe. Jünger bist du: was kommt es darauf an? Die Jahre zählen nicht. Es ist ungewiss, bei welcher Gelegenheit dich der Tod erwartet; erwarte du ihn daher bei jeder Gelegenheit.

(8) Schon wollte ich endigen und meine Hand strebte zum Schlusspunkt, aber Geld muss angelegt werden und dieser Brief soll den Sparpfennig entrichten. Stell dir vor, dass ich nicht sage, woher ich das Darlehen nehmen will: du weißt, aus wessen Geldkasten ich mich bedienen werde. Halte ein klein wenig mit mir aus, und die Auszahlung wird aus meinem Hause geleistet. Einstweilen wird uns Epikur gefällig sein, der sagt: „Bereite dich auf den Tod vor", oder, wenn dieser Gedanke auf solche Weise leichter auf uns übergehen kann: „Eine vortreffliche Sache ist es, sich an den Tod zu gewöhnen."

(9) Unnütz dasjenige zu lernen, denkst du vielleicht, was einmal nur verwendet werden muss. Genau das ist der Grund, weshalb wir es vorwegnehmen sollten: man muss immer das studieren, von dem wir nicht in Erfahrung bringen können, ob wir es verstehen.

(10) „Den Tod vorwegnehmen": der das sagt, der beschließt, die Freiheit vorwegzunehmen. Der zu sterben gelernt hat, der hat zu dienen verlernt; er ist jenseits jeder Macht, mit Gewissheit außerhalb von jeder. Was sind für ihn Kerker und Haft und Käfig? Den Zugang hat er in seiner freien Gewalt. Eine Kette gibt es, die uns gefesselt hält, die Liebe zum Leben, die zwar nicht abgelegt, aber eingeschränkt werden muss, damit, wenn die Umstände es einmal einfordern, uns nichts fesselt und nichts davon abhält, vorbereitet zu sein, dasjenige sofort zu tun, was über kurz oder lang getan werden muss. Lebe wohl.

———————

Liber III – Epistula XXVII

Seneca Lucilio suo Salutem,

(1) 'Tu me' inquis 'mones? Iam enim te ipse monuisti, iam correxisti? Ideo aliorum emendationi vacas?' Non sum tam improbus ut curationes aeger obeam, sed, tamquam in eodem valetudinario iaceam, de communi tecum malo colloquor et remedia communico. Sic itaque me audi tamquam mecum loquar; in secretum te meum admitto et te adhibito mecum exigo.

(2) Clamo mihi ipse: 'Numera annos tuos, et pudebit eadem velle quae volueras puer, eadem parare. Hoc denique tibi circa mortis diem praesta: moriantur ante te vitia. Dimitte istas voluptates turbidas, magno luendas: non venturae tantum sed praeteritae nocent. Quemadmodum scelera etiam si non sunt deprehensa cum fierent, sollicitudo non cum ipsis abit, ita improbarum voluptatum etiam post ipsas paenitentia est. Non sunt solidae, non sunt fideles; etiam si non nocent, fugiunt.

(3) Aliquod potius bonum mansurum circumspice; nullum autem est nisi quod animus ex se sibi invenit. Sola virtus praestat gaudium perpetuum, securum; etiam si quid obstat, nubium modo intervenit, quae infra feruntur nec umquam diem vincunt.'

Buch 3 – Brief 27

Seneca grüßt seinen Lucilius,

(1) „Du ermahnst mich?", entgegnest du. „Hast du dich denn schon selbst ermahnt, schon auf den rechten Weg gebracht? Hast du deshalb Muße zur Besserung anderer?" Ich bin nicht so frech, dass ich als Kranker Behandlungen übernehme, sondern als ob ich in demselben Krankenzimmer liegen würde, diskutiere ich mit dir über das gemeinsame Leiden und bespreche die Heilmittel. Auf diese Weise also höre mir zu, als wenn ich mit mir [selbst] redete; ich nehme dich mit in meine Abgeschiedenheit und, dich hinzugezogen, gehe ich mit mir zu Rate.

(2) Ich rufe mir selbst zu: „Zähle deine Jahre, und es ist beschämend, dass du dasselbe willst, dasselbe beabsichtigst, das du als Junge wolltest. Dies zumindest gewähre dir in Ansehung des Todestags: mögen dich deine schlechten Eigenschaften vorher verlassen. Lass ab von jenen aufwühlenden Vergnügungen, die man teuer bezahlen muss: sie schaden nicht nur, wenn sie sich zutragen, sondern auch, nachdem sie vergangen sind. Wie die innere Unruhe bei Verbrechen nicht mit diesen selbst verschwindet – auch wenn sie nicht entdeckt worden sind, als sie sich ereigneten –, so ist die Reue den ausufernden Leidenschaften auch danach noch zu eigen. Sie sind nicht dauerhaft, sie sind nicht aufrichtig; auch wenn sie nicht schaden, sie vergehen wie im Fluge.

(3) Schau dich besser nach einem Vermögen um, das Bestand haben wird; es gibt jedoch keines außer demjenigen, das der Geist aus sich [selbst] erschafft. Allein die sittliche Vollkommenheit gewährt dauerhafte, sorglose Freude; selbst wenn ihr etwas im Weg steht, tritt es in der Art von Wolken dazwischen, die tief unten davongetragen werden und niemals die Oberhand über das Licht des Tages behalten.

(4) Quando ad hoc gaudium pervenire continget? Non quidem cessatur adhuc, sed festinetur. Multum restat operis, in quod ipse necesse est vigiliam, ipse laborem tuum impendas, si effici cupis; delegationem res ista non recipit.

(5) Aliud litterarum genus adiutorium admittit Calvisius Sabinus memoria nostra fuit dives; et patrimonium habebat libertini et ingenium; numquam vidi hominem beatum indecentius. Huic memoria tam mala erat ut illi nomen modo Ulixis excideret, modo Achillis, modo Priami, quos tam bene noverat quam paedagogos nostros novimus. Nemo vetulus nomenclator, qui nomina non reddit sed imponit, tam perperam tribus quam ille Troianos et Achivos persalutabat.

(6) Nihilominus eruditus volebat videri. Hanc itaque compendiariam excogitavit: magna summa emit servos, unum qui Homerum teneret, alterum qui Hesiodum; novem praeterea lyricis singulos assignavit. Magno emisse illum non est quod mireris: non invenerat, faciendos locavit. Postquam haec familia illi comparata est, coepit convivas suos inquietare. Habebat ad pedes hos, a quibus subinde cum peteret versus quos referret, saepe in medio verbo excidebat.

(4) Wann wird es glücken, zu dieser Freude zu gelangen? Bisher wird gewiss nicht gezögert, aber man sollte sich beeilen. Viel Arbeit steht noch bevor, auf die du persönlich deinen Eifer, persönlich deine Ausdauer verwenden musst, wenn du sie hervorzurufen wünschst; diese Angelegenheit lässt keine Vertretung zu.

(5) Eine andere Art der Gelehrsamkeit lässt Beistand zu. Der Calvisius Sabinus unserer Zeit war ein reicher Mann; er besaß sowohl das Vermögen eines Freigelassenen als auch den Verstand; niemals habe ich einen unschicklicheren glücklichen Menschen gesehen. Sein Gedächtnis war so miserabel, dass ihm bald der Namen des Odysseus entfiel, bald der von Achilles, bald der von Priamos, welche er so gut gekannt hatte, wie wir unseren Erzieher kannten. Kein ältlicher Nomenklator, der die Namen nicht frei aufsagt, sondern so tut als ob, hat so verkehrt der Reihe nach die Tribus begrüßt, wie jener die Trojaner und Achäer.

(6) Trotzdem wollte er als gebildet angesehen werden. Deshalb hat er sich folgende Abkürzung ausgedacht: für eine hohe Summe kaufte er Sklaven; einen, der Homer, einen anderen, der Hesiod beherrschen sollte; außerdem hat er jeweils einen den neun Lyrikern zugewiesen. Es gibt keinen Grund, dass du dich wunderst, dass er teuer gekauft hat: er hatte keinen gefunden – er schrieb sie öffentlich aus, um sie sich zu verschaffen. Nachdem diese Dienerschaft von ihm aufgekauft worden war, schickte er sich an, seine Gäste zu belästigen. Er hatte die eben erwähnten zu Füßen, und obgleich er sich von ihnen nacheinander die Verse erbeten hat, die er vortragen sollte, verlor er sich oft mitten im Wort.

(7) Suasit illi Satellius Quadratus, stultorum divitum arrosor et, quod sequitur, arrisor, et, quod duobus his adiunctum est, derisor, ut grammaticos haberet analectas. Cum dixisset Sabinus centenis millibus sibi constare singulos servos, 'minoris', inquit, 'totidem scrinia emisses.' Ille tamen in ea opinione erat ut putaret se scire quod quisquam in domo sua sciret.

(8) Idem Satellius illum hortari coepit ut luctaretur, hominem aegrum, pallidum, gracilem. Cum Sabinus respondisset: 'Et quomodo possum? Vix vivo', 'noli, obsecro te', inquit, 'istuc dicere: non vides quam multos servos valentissimos habeas?' Bona mens nec commodatur nec emitur; et puto, si venalis esset, non haberet emptorem: at mala cotidie emitur.

(9) Sed accipe iam quod debeo et vale. 'Divitiae sunt ad legem naturae composita paupertas.' Hoc saepe dicit Epicurus aliter atque aliter, sed numquam nimis dicitur quod num quam satis discitur; quisbusdam remedia monstranda, quibusdam inculcanda sunt. Vale.

(7) Satellius Quadratus, ein Schmarotzer der reichen Dummköpfe und, da er sich fügt, auch ein Schmeichler und folglich, weil es mit diesen beiden verknüpft ist, ein Spötter, gab ihm den Rat, sich Grammatiklehrer als Brotkrümelaufleser zu halten. Nachdem Sabinus erwähnt hatte, dass jeder Sklave ihn Einhunderttausend gekostet hatte, antwortete er: „Für weniger hättest du ebenso viele Schriftkapseln kaufen können." Jener war jedoch in einem solchen Wahn, dass er sich für kundig zu sein hielt, weil irgendeiner in seinem Haus kundig war.

(8) Er begann ihn auch anzuspornen, als Ringer zu kämpfen – einen erschöpften, blassen und schmächtigen Mann. Nachdem Sabinus erwidert hatte: „Und wie kann ich das? Ich lebe kaum noch", fuhr er fort: „Ich bitte dich, sei nicht abgeneigt, siehst du nicht, wie viele sehr starke Sklaven du besitzt?" Ein vortrefflicher Gedanke wird weder ausgeliehen noch gekauft; und ich denke, wenn er zum Verkauf stünde, würde er keinen Käufer finden; ein nichtsnutziger [Gedanke] wird dagegen jeden Tag gekauft.

(9) Aber empfange nun, was ich schulde, und lebe wohl: „Reichtum ist eine nach dem Gesetz der Natur eingerichtete Armut." Das sagt Epikur oft auf verschiedene Weise, niemals wird jedoch zu oft gesagt, was niemals hinreichend gelernt wurde; manchen muss man die Heilmittel zeigen, manchen aufnötigen. Lebe wohl.

Liber III – Epistula XXVIII

Seneca Lucilio suo Salutem,

(1) Hoc tibi soli putas accidisse et admiraris quasi rem novam quod peregrinatione tam longa et tot locorum varietatibus non discussisti tristitiam gravitatemque mentis? Animum debes mutare, non caelum. Licet vastum traieceris mare, licet, ut ait Vergilius noster, 'terraeque urbesque recedant', sequentur te quocumque perveneris vitia.

(2) Hoc idem querenti cuidam Socrates ait: 'Quid miraris nihil tibi peregrinationes prodesse, cum te circumferas? Premit te eadem causa quae expulit.' Quid terrarum iuvare novitas potest? Quid cognitio urbium aut locorum? In irritum cedit ista iactatio. Quaeris quare te fuga ista non adiuvet? Tecum fugis. Onus animi deponendum est: non ante tibi ullus placebit locus.

(3) Talem nunc esse habitum tuum cogita qualem Vergilius noster vatis inducit iam concitatae et instigatae multumque habentis se spiritus non sui: 'Bacchatur vates, magnum si pectore possit excussisse deum.' Vadis huc illuc ut excutias insidens pondus quod ipsa iactatione incommodius fit, sicut in navi onera immota minus urgent, inaequaliter convoluta citius eam partem in quam incubuere demergunt. Quidquid facis, contra te facis et motu ipso noces tibi; aegrum enim concutis.

🐝

Buch 3 – Brief 28

Seneca grüßt seinen Lucilius,

(1) Du glaubst, dieses sei allein dir widerfahren, und du wunderst dich gewissermaßen über den ungewöhnlichen Umstand, dass du auf einer Reise, so lang und an so vielen mannigfaltigen Orten, die Traurigkeit und Schwere der Gedanken nicht vertrieben hast. Du musst deine Einstellung ändern, nicht die Himmelsgegend. Obwohl du das weite Meer überfahren hast, obwohl, wie unser Vergil sagt: „auch Länder und Städte entschwinden", werden dich deine Fehler begleiten, wo auch immer du hinkommst.

(2) Dieses sagte Sokrates jemanden, der dasselbe beklagte: „Warum wunderst du dich, dass dir die Reisen nichts nützen? Es bedrückt dich derselbe Grund, der dich hinausgetrieben hat." Was auf Erden Neues kann dich erfreuen? Was das Kennenlernen der Städte und Ortschaften? Dieser unstete Aufenthalt fällt dem Misslingen anheim. Du fragst dich, warum dir dieses Entfliehen nicht geholfen hat? Du fliehst mit dir [selbst]. Die Last der Seele muss man ablegen: nicht eher wird dir irgendein Ort gefallen.

(3) Bedenke, dass dein Zustand nun ein solcher ist, wie unser Vergil den der Prophetin auf die Bühne brachte – bereits erregt und angestachelt und viel des Geistes in sich tragend, der nicht der ihre war: „*Es tobt umher die Prophetin, als wenn sie den mächtigen Gott aus ihrem Inneren vertreiben könnte.*" Hierhin und dorthin gehst du, um die tief sitzende Last abzuschütteln, die gerade durch den unsteten Aufenthalt drückender wird, gleichwie auf einem Schiff die nicht bewegten Lasten weniger bedrängen, begraben die ungleich durcheinander gerollten [Ladungen] diejenige Seite schneller in den Wellen, zu der sie sich geneigt haben. Alles was du tust, tust du gegen dich, und du schadest dir selbst durch deine Unruhe; du schwächst nämlich einen Kranken.

(4) At cum istuc exemeris malum, omnis mutatio loci iucunda fiet; in ultimas expellaris terras licebit, in quolibet barbariae angulo colloceris, hospitalis tibi illa qualiscumque sedes erit. Magis quis veneris quam quo interest, et ideo nulli loco addicere debemus animum. Cum hac persuasione vivendum est: 'Non sum uni angulo natus, patria mea totus hic mundus est.'

(5) Quod si liqueret tibi, non admirareris nil adiuvari te regionum varietatibus in quas subinde priorum taedio migras; prima enim quaeque placuisset si omnem tuam crederes. Nunc <non> peregrinaris sed erras et ageris ac locum ex loco mutas, cum illud quod quaeris, bene vivere, omni loco positum sit.

(6) Num quid tam turbidum fieri potest quam forum? Ibi quoque licet quiete vivere, si necesse sit. Sed si liceat disponere se, conspectum quoque et viciniam fori procul fugiam; nam ut loca gravia etiam firmissimam valetudinem temptant, ita bonae quoque menti necdum adhuc perfectae et convalescenti sunt aliqua parum salubria.

(7) Dissentio ab his qui in fluctus medios eunt et tumultuosam probantes vitam cotidie cum difficultatibus rerum magno animo colluctantur. Sapiens feret ista, non eliget, et malet in pace esse quam in pugna; non multum prodest vitia sua proiecisse, si cum alienis rixandum est.

(4) Aber wenn du dich von diesem Leiden befreist, wird jede Ortsveränderung erfreulich sein; magst du auch in die entferntesten Gegenden verbannt, in jeden beliebigen Winkel des Barbarenlandes versetzt werden, wie auch immer beschaffen, wird dir jener Ort gastlich sein. Es ist von größerer Wichtigkeit wer kommt, als wohin [man kommt], und wir dürfen deshalb keinem Ort das Herz schenken. Mit dieser Überzeugung muss man leben: „Ich bin nicht für einen abgelegenen Winkel geboren, mein Vaterland ist diese ganze Welt."

(5) Wenn dir dies klar wäre, würdest du dich nicht wundern, dass dir die Mannigfaltigkeit der Weltgegenden, in die du von Zeit zu Zeit aus Abscheu der vorherigen übersiedelst, nichts helfen wird; eine nach der anderen hätte dir nämlich gefallen, wenn du jede für die Deinige halten würdest. So aber reist du nicht umher, sondern du irrst und hetzt umher, und du tauschst einen Ort gegen den anderen ein, obwohl jenes, das du suchst – gut zu leben – an jedem Ort gelegen ist.

(6) Kann denn etwas so unruhig sein wie das Forum? Auch dort ist es möglich, ruhig zu leben, falls es notwendig sein sollte. Aber falls es möglich wäre, über sich [selbst] zu bestimmen, würde ich auch in der Tat den Anblick und die Nachbarschaft des Forum weithin meiden; denn wie ungesunde Gegenden auch eine äußerst widerstandsfähige Gesundheit angreifen, so sind manch welche auch einer gedeihlichen Denkweise, die bisher noch nicht vollendet wurde und sich erholt, wenig zuträglich.

(7) Ich stehe im Widerspruch zu denen, die sich mitten in die Gefahren stürzen und die, weil ein in Aufregung versetzendes Leben ihren Beifall findet, jeden Tag in erhabenem Geiste mit den Widrigkeiten der Welt ringen. Der Weise wird dies ertragen, nicht auswählen, und er will lieber im Frieden leben als im Streit; es nützt nicht viel, die eigenen Laster aufgegeben zu haben, wenn man zugleich mit fremden [Lastern] hadern muss.

(8) 'Triginta', inquit, 'tyranni Socraten circumsteterunt nec potuerunt animum eius infringere.' Quid interest quot domini sint? Servitus una est; hanc qui contempsit in quanta libet turba dominantium liber est.

(9) Tempus est desinere, sed si prius portorium solvero. 'Initium est salutis notitia peccati.' Egregie mihi hoc dixisse videtur Epicurus; nam qui peccare se nescit corrigi non vult; deprehendas te oportet antequam emendes.

(10) Quidam vitiis gloriantur: tu existimas aliquid de remedio cogitare qui mala sua virtutum loco numerant? Ideo quantum potes te ipse coargue, inquire in te; accusatoris primum partibus fungere, deinde iudicis, novissime deprecatoris; aliquando te offende. Vale.

———

(8) „Dreißig Tyrannen", sagt man, „haben Sokrates umzingelt, und konnten seinen Willen nicht brechen." Was macht es für einen Unterschied, wie viele Herren es gibt? Knechtschaft gibt es eine einzige; wer diese nicht beachtet, ist trotz einer beliebig großen Menge an Herrschern frei.

(9) Es ist Zeit zum Schluss zu kommen, aber nur, wenn ich vorher das Wegegeld bezahlt habe: „Zu Beginn des Glücks steht das Wissen um die Fehlbarkeit." Dieses scheint mir Epikur ausgezeichnet gesagt zu haben; denn derjenige, der nicht versteht, dass er einen Fehler macht, will sich nicht bessern; du musst dich [selbst] erkennen, bevor du dich vervollkommnen kannst.

(10) Manche rühmen sich ihrer Laster: glaubst du, dass diejenigen, die ihre Fehler anstelle der Tugenden aufzählen, in irgendeiner Beziehung über ein Heilmittel nachdenken? Soweit du kannst, überführe dich deshalb selbst, sammle Beweise gegen dich; bekleide zuerst die Rolle des Anklägers, dann die des Richters, zuletzt die eines Fürsprechers; sei zuweilen unzufrieden mit dir [selbst]. Lebe wohl.

Liber III – Epistula XXIX

Seneca Lucilio suo Salutem,

(1) De Marcellino nostro quaeris et vis scire quid agat. Raro ad nos venit, non ulla alia ex causa quam quod audire verum timet, a quo periculo iam abest; nulli enim nisi audituro dicendum est. Ideo de Diogene nec minus de aliis Cynicis qui libertate promiscua usi sunt et obvios monuerunt dubitari solet an hoc facere debuerint. Quid enim, si quis surdos obiurget aut natura morbove mutos?

(2) 'Quare', inquis, 'verbis parcam? Gratuita sunt. Non possum scire an ei profuturus sim quem admoneo: illud scio, alicui me profuturum, si multos admonuero. Spargenda manus est: non potest fieri ut non aliquando succedat multa temptanti.'

(3) Hoc, mi Lucili, non existimo magno viro faciendum: diluitur eius auctoritas nec habet apud eos satis ponderis quos posset minus obsolefacta corrigere. Sagittarius non aliquando ferire debet, sed aliquando deerrare; non est ars quae ad effectum casu venit. Sapientia ars est: certum petat, eligat profecturos, ab iis quos desperavit recedat, non tamen cito relinquat et in ipsa desperatione extrema remedia temptet.

Buch 3 – Brief 29

Seneca grüßt seinen Lucilius,

(1) Du erkundigst dich nach unserem Marcellus und willst wissen, womit er sich beschäftigt. Aus keinem anderen Grund, als dass er fürchtet, die Wahrheit zu hören, kommt er selten zu uns; von diesem Risiko hält er sich fern; man muss nämlich mit keinem sprechen, wenn man nicht zuhören will. Deswegen pflegt man bei Diogenes und nicht weniger bei den übrigen Kynikern, die sich der gemeinsamen Freiheit bedienten und die Entgegenkommenden zurechtwiesen, unschlüssig zu sein, ob sie dies hätten tun dürfen. Was nämlich, wenn jemand den tauben oder – durch Geburt oder auch Krankheit – stummen [Menschen] Vorwürfe machen würde?

(2) „Warum", fragst du, „soll ich mit Worten sparen? Sie sind umsonst. Ich kann nicht wissen, ob ich dem nützlich sein werde, den ich ermahne. Folgendes weiß ich: dass ich manch einem helfen werde, wenn ich viele ermahne. Die Hand muss die Saat ausbringen: es ist unmöglich, dass demjenigen, der vieles versucht, nicht irgendwann einmal etwas gelingt."

(3) Dies, mein Lucilius, darf ein bedeutender Mann nicht tun, meine ich: seine Autorität wird vermindert und so hat sie bei denen nicht genügend an Gewicht, die sie weniger abgenutzt auf den richtigen Weg führen könnte. Ein Bogenschütze sollte nicht dann und wann einmal treffen, sondern dann und wann einmal fehlgehen; ein Kunstwerk, das durch Zufall zur Vollendung kommt, ist keines. Die Philosophie ist eine Kunst: sie soll entschlossen einfordern, soll diejenigen auswählen, die aufbrechen wollen, soll sich von denjenigen zurückziehen, die die Hoffnung aufgegeben haben, soll [aber] trotzdem nicht schnell im Stich lassen und selbst in der Hoffnungslosigkeit die letzten Heilmittel versuchen.

(4) Marcellinum nostrum ego nondum despero; etiam nunc servari potest, sed si cito illi manus porrigitur. Est quidem periculum ne porrigentem trahat; magna in illo ingeni vis est, sed iam tendentis in pravum. Nihilominus adibo hoc periculum et audebo illi mala sua ostendere.

(5) Faciet quod solet: advocabit illas facetias quae risum evocare lugentibus possunt, et in se primum, deinde in nos iocabitur; omnia quae dicturus sum occupabit. Scrutabitur scholas nostras et obiciet philosophis congiaria, amicas, gulam;

(6) ostendet mihi alium in adulterio, alium in popina, alium in aula; ostendet mihi lepidum philosophum Aristonem, qui in gestatione disserebat – hoc enim ad edendas operas tempus exceperat. De cuius secta cum quaereretur, Scaurus ait: 'Utique Peripateticus non est.' De eodem cum consuleretur Iulius Graecinus, vir egregius, quid sentiret, 'non possum', inquit, 'tibi dicere; nescio enim quid de gradu faciat', tamquam de essedario interrogaretur.

(4) Für unseren Marcellus gebe ich die Hoffnung noch nicht auf; im gegenwärtigen Augenblick kann er noch immer gerettet werden, aber nur dann, wenn ihm schnell die Hand gereicht wird. Es ist allerdings zu befürchten, dass er denjenigen mit sich fortzieht, der sie ihm entgegenstreckt; er besitzt eine große Geistesstärke, die sich aber schon auf das Verkehrte richtet. Trotzdem werde ich diese Gefahr auf mich nehmen und es wagen, ihm seine Fehler vorzuhalten.

(5) Er wird tun, was er gewöhnlich zu tun pflegt: er wird jene Scherze zu Hilfe nehmen, die imstande sind, bei Trauernden ein Lächeln hervorzulocken, und zuerst über sich selbst, dann über uns Witze machen; allem, was ich sagen werde, wird er zuvorkommen. Unsere Schulen wird er durchstöbern und den Philosophen ihre Spenden, ihre Mätressen und ihre Gefräßigkeit vorwerfen;

(6) er wird mir den einen beim Ehebruch zeigen, den anderen beim Besäufnis, einen dritten beim Hofdienst; er wird mir den verweichlichten Philosophen Ariston vor Augen halten, der seinen Vortrag während der Spazierfahrt hielt – diese Zeit hatte er nämlich zum Herausgeben seiner Arbeiten bestimmt. Als sich nach dessen philosophischer Lehre erkundigt wurde, sagte Scaurus: „Jedenfalls ist er kein Peripatetiker." [Und] als Iulius Graecinus, ein vortrefflicher Mann, befragt wurde, was er von demselben dachte, antwortete er: „Ich kann es dir nicht sagen; ich weiß nämlich nicht, wie er zu Fuß kämpft", als ob er nach einem Wagenlenker gefragt worden wäre.

(7) Hos mihi circulatores qui philosophiam honestius neglexissent quam vendunt in faciem ingeret. Constitui tamen contumelias perpeti: moveat ille mihi risum, ego fortasse illi lacrimas movebo, aut si ridere perseverabit, gaudebo tamquam in malis quod illi genus insaniae hilare contigerit. Sed non est ista hilaritas longa: observa, videbis eosdem intra exiguum tempus acerrime ridere et acerrime rabere.

(8) Propositum est aggredi illum et ostendere quanto pluris fuerit cum multis minoris videretur. Vitia eius etiam si non excidero, inhibebo; non desinent, sed intermittent fortasse autem et desinent, si intermittendi consuetudinem fecerint. Non est hoc ipsum fastidiendum, quoniam quidem graviter affectis sanitatis loco est bona remissio.

(9) Dum me illi paro, tu interim, qui potes, qui intellegis unde quo evaseris et ex eo suspicaris quousque sis evasurus, compone mores tuos, attolle animum, adversus formidata consiste; numerare eos noli qui tibi metum faciunt. Nonne videatur stultus, si quis multitudinem eo loco timeat per quem transitus singulis est? Aeque ad tuam mortem multis aditus non est licet illam multi minentur. Sic istuc natura disposuit: spiritum tibi tam unus eripiet quam unus dedit.

(7) Diese Gaukler, die die Philosophie würdiger außer acht gelassen hätten, als sie zu verschachern, wird er mir ins Gesicht schleudern. Dennoch habe ich beschlossen, die Verunglimpfungen zu ertragen: jener mag mir ein Lächeln hervorlocken, ich werde ihn wohl zu Tränen rühren, oder, wenn er fortfährt, sich lustig zu machen, werde ich mich gleichsam wie bei Unglücksfällen freuen, dass ihm eine heitere Art des Wahnsinns zuteil wird. Aber diese Heiterkeit ist nicht lange andauernd: gib acht, du wirst dieselben [Menschen] innerhalb kurzer Zeit sehr heftig lachen und sehr heftig toben sehen.

(8) Der Plan ist es, sich an ihn zu wenden und ihm vor Augen zu halten, wie viel mehr er wert war, als er vielen allzu wenig galt. Auch wenn ich seine Fehler nicht beseitige, werde ich sie hemmen; sie werden nicht aufhören, sondern nachlassen, möglicherweise nehmen sie aber auch ein Ende, wenn sie eine Aufgabe der gewohnten Lebensweise bewirken. Man darf dieses auch nicht verschmähen, weil ja doch den schwer Heimgesuchten eine heilsame Erholung als Gesundheit gilt.

(9) Während ich mich auf jenen vorbereite, bilde du – der du kannst, der du erkennst, von wo aus du dich entwickelt hast und daher ahnst, wohin du dich entwickeln könntest – unterdessen deinen Charakter aus, ermuntere den Geist, behaupte dich gegenüber den angsteinflößenden Dingen; zähle die auf, welche dir Angst machen. Darf man es etwa nicht als töricht ansehen, wenn irgendeiner die Menge an einer Stelle fürchtet, an der es einen Durchgang [nur] für einzelne gibt? In gleicher Weise ist für den Großteil keine Gelegenheit zu deinem Tod vorhanden, mögen auch viele ihn androhen. Die Natur hat dieses folgendermaßen eingerichtet: das Leben wird dir ebenso von einem Einzigen entrissen, wie ein Einziger es dir geschenkt hat.

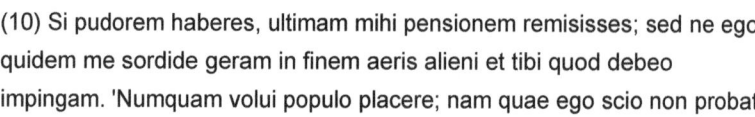

(10) Si pudorem haberes, ultimam mihi pensionem remisisses; sed ne ego quidem me sordide geram in finem aeris alieni et tibi quod debeo impingam. 'Numquam volui populo placere; nam quae ego scio non probat populus, quae probat populus ego nescio.'

(11) 'Quis hoc?', inquis, tamquam nescias cui imperem. Epicurus; sed idem hoc omnes tibi ex omni domo conclamabunt, Peripatetici, Academici, Stoici, Cynici. Quis enim placere populo potest cui placet virtus? Malis artibus popularis favor quaeritur. Similem te illis facias oportet: non probabunt nisi agnoverint. Multo autem ad rem magis pertinet qualis tibi videaris quam aliis; conciliari nisi turpi ratione amor turpium non potest.

(12) Quid ergo illa laudata et omnibus praeferenda artibus rebusque philosophia praestabit? Scilicet ut malis tibi placere quam populo, ut aestimes iudicia, non numeres, ut sine metu deorum hominumque vivas, ut aut vincas mala aut finias. Ceterum, si te videro celebrem secundis vocibus vulgi, si intrante te clamor et plausus, pantomimica ornamenta, obstrepuerint, si tota civitate te feminae puerique laudaverint, quidni ego tui miserear, cum sciam quae via ad istum favorem ferat? Vale.

———

(10) Wenn du Taktgefühl besitzen würdest, hättest du mir die letzte Rate erlassen; doch ich werde mich nicht einmal gegen Ende der Schuld geizig zeigen und dir aufdrängen, zu was ich verpflichtet bin: „Niemals habe ich Wert darauf gelegt, dem Volk zu gefallen; denn was ich kann, billigt das Volk nicht, was das Volk billigt, kann ich nicht."

(11) „Wer sagt das?", fragst du, als ob du nicht wüsstest, von wem ich verordne. Epikur; doch eben dasselbe werden dir alle aus jeder philosophischen Schule laut verkünden – die Peripatetiker, die Akademiker, die Stoiker, die Kyniker. Wer nämlich kann dem Volk gefallen, dem ein tugendhafter Lebenswandel gefällt? Mit verderblichen Fertigkeiten wird die Zuneigung des Volkes erworben. Du müsstest es ihnen gleich tun: sie werden nicht anerkennen, wenn sie nicht wiedererkennen. Es ist jedoch viel maßgeblicher, wie du von dir [selbst] als von den anderen gesehen wirst; nur auf schändliche Weise kann man die Liebe des Schändlichen gewinnen.

(12) Was also wird jene glücklich gepriesene und allen Künsten und Besitztümern vorzuziehende Philosophie leisten? Selbstverständlich, dass du lieber dir [selbst] gefallen willst als dem Volk, dass du Meinungen einschätzt, nicht anführst, dass du ohne Furcht vor den Göttern und den Menschen lebst, dass du [deine] Leiden entweder überwindest oder beendest. Dagegen, wenn ich dich gefeiert von den geneigten Rufen des einfachen Volkes sehe, wenn dich beim Eintreten lautes Rufen und Beifall – eine dem Pantomimen gehörige Auszeichnung – übertönen, wenn dich Frauen und Kinder aus der ganzen Stadt preisen, warum sollte ich nicht Mitleid mit dir haben, da ich doch weiß, welcher Weg zu dieser Gunst führt? Lebe wohl.

—————